실컷 논 아이가 행복한 어른이 된다

놀지 못해 불행한 아이, 불안한 부모를 위한 치유의 심리학

실컷 논 아이가
행복한 어른이 된다

김태형 지음

갈매나무

CONTENTS

한국의 어린이들은 왜 행복하지 않을까?

오늘날 대한민국에서 부모가 되어 아이를 키우는 것은 기쁨일까, 고통일까? 안타깝지만 현실은 후자에 가깝다고 대답할 수밖에 없을 것 같다. 상당수의 부모들이 겪고 있는 이런 심리적 갈등만 봐도 짐작할 수 있다.

"아이를 놀게 해줘야 할까, 공부를 강요해야 할까?"

아이는 마음껏 놀면 행복하지만 부모들은 왠지 불안해진다. 반대로 놀지 못하고 공부를 하면 아이는 힘들겠지만 부모들은 그나마 안심이 된다. 부모 자식 관계는 사랑으로 맺어지는 만큼 자식이 행복하면 부모도 행복하고 자식이 불행하면 부모도 불행하기 마련이다. 상대방이 행복하면 내 마음이 편치 않고 상대방이 불행해야 내 마음이 편안해지는 것은 적대적인 관계에서나 나타나는 이상심리이다.

그런데 아이가 마음껏 놀면서 행복해할 때 부모는 오히려 불안해지고 때때로 화까지 난다는 것은 우리의 부모 자식 관계가 비정상적으로 변질되었음을 시사한다. 이런 부모 자식 관계가 야기하는 마음의 상처는 상상 이상으로 크다.

───── ●●● ─────

한국인은 자식의 행복을 위해서 살아가는 사람들이라고 해도 과언이 아니다. 우리 부모 세대가 그랬듯이 자식을 위해 자발적으로 희생하고 헌신하며, 그런 삶을 최고의 보람이자 행복으로 여기는 심리적 특성을 가지고 있다.

우리 민족은 반만 년이 넘는 세월 동안 한반도에서 공동체를 이루고 부대끼며 살아왔다. 그토록 오랫동안 단일 민족으로서 긴 역사를 이어온 민족은 전 세계에서 한국인이 유일하다. 이런 독특한 역사적 배경으로 인해 한국인은 자기 자신이나 개인보다는 가족이나 집단을 더 중시하며, 공동체 중심으로 생각하는 특성을 갖게 되었다. 흔히 '내 집my home', '내 나라my country'라는 표현을 사용하는 서양과 달리 '우리 집', '우리나라'라는 표현을 사용하는 언어적 차이만 봐도 쉽게 확인할 수 있다.

심리학자 한성열 교수는 최근 한 공개 강연에서 한국인은 부부나 친구와 같은 횡적 관계보다는 부모 자식 사이와 같은 종적 관계를 더 중시한다고 주장했다. 서양인의 경우 아이가 태어나면 옆방에다 따로 재운다. 이것은 '내 아이일지라도 부부 사이에는 들어올 수 없다'라는, 부부의 침실을 성역시하는 서양인의 심리에 기초한 양육 문화이다. 반면 한국인은 아이가 태어나면 엄마가 데리고 잔다. 이로 인해 잠자리가 비좁아지거나 불편해지면 남편이 방에서 나가 따로 자는 경우가 많다. 이는 종적 관계에 있는 자녀를 횡적 관계인 배우자보다 훨씬 중요시하는 한국인의 심리를 반영한다.

한국인은 개인적 차원이든, 공동체의 차원이든 역사를 이어가고 발전시키는 데 기여하는 것을 가장 중요하게 여긴다. 즉 개인의 삶보다는 위아래로 이어져온 민족의 한 일원으로서의 삶, 가문의 한 일원으로서의 삶을 더 중시한다. 이런 가치관은 다음과 같은 집단 심리로 이어지기도 했다.

"나 하나 잘되더라도 자식 농사를 망치면 가문은 쇠퇴할 수 있다. 그러나 나 하나 고생하더라도 자식 농사를 잘 지으면 가문은 번성할 수 있다."

의식적 혹은 무의식적으로 이런 심리를 공유하는 한국인은 내가 잘되는 것보다 자식을 잘 키워서 가문에 기여하는 것을 중요시한다. 종적 관계를 중시하는 집단 심리는 특히 개인적, 가족적 차원에서 내리사랑 전통으로 표현되었다. 그런 부모의 내리사랑을 받고 자라난 자식 역시 훗날 부모가 되었을 때 자식을 위해 모든 것을 다 바쳐 헌신한다. 부모의 내리사랑은 이런 식으로 대를 이어가면서 한국인의 삶 속을 흘러왔다. 이런 맥락에서 한성열 교수는 영화 〈국제시장〉에 등장하는 아버지를 예로 들며, 한국인이 지닌 저력의 원천은 내리사랑 전통이라고 강조하기도 했다.

———— ●●● ————

내리사랑 전통은 한국인의 심성을 아름답게 가꾸어준 주요한 기둥 가운데 하나였다. 그러나 이런 아름답고 훌륭한 전통이 한국사회의 변화에 따라 현대, 특히 90년대 이후부터 점차 변질되거나 퇴색되었다. 그 대표적인 결과가 바로 오늘날의 비뚤어진 교육열이다.

현대 한국인의 교육열은 아이들에게서 놀이를 박탈하는 주범일 뿐만 아니라 어린 시절의 행복, 나아가 아이들의 미래까지 파괴하고 있다. 참으로 역설적이지만 미덕으로만 여겨졌던 내리사랑 전통이 병적인 사회로 인해 아이들을 불행으로 이끄는 역할을 수행하는 셈이다.

"아이를 놀게 해줘야 할까, 공부를 강요해야 할까?"

다시 한 번 질문을 던져본다. 앞으로 이 책에서 나는 아이들

의 행복을 무엇보다 바라던 한국사회에서 어쩌다 내리사랑의
전통이 왜곡되었는지, 무엇이 부모와 아이의 행복 모두를 어
긋나게 했는지 살펴보려 한다. 과연 놀이가 이런 현실에서 우
리가 잃어버린 가치들을 찾아줄 수 있을지 또한 이야기하게 될
것이다.

실컷 논 아이가

행복한 어른이 된다

1부

놀이를 빼앗은 사회가
불러온 것

흔히들 장차 한국의 성장 동력은 창의적 인재 양성에 달렸다고 말하곤 한다. 우리나라에서도 빌 게이츠나 스티브 잡스 같은 인물이 나와야 한다고 주장하기도 한다. 하지만 창의적 인재는 고사하고 젊은 세대의 창의성이 갈수록 저하될 가능성이 크다. 어린 시절 놀이를 박탈하여 창의성 발달의 결정적 시기를 놓치게끔 만들고, 학창 시절에는 획일화된 주입식 제도 교육으로 창의성을 질식시키는데, 이런 환경에서 어떻게 창의적 인재가 나올 수 있겠는가.

창의성은 공포와 불안에 시달리는 사람이 가질 수 있는 특성이 아니다. 잠재력을 최대한 계발하고 발휘할 수 있는 마음이 평화로운 사람, 행복한 사람 고유의 특성이다. 창의성 잃은 젊은이들을 양산하고 있는 나라가 과연 경쟁력을 갖출 수 있을까?

한국은 왜 어린 세대일수록
정신 건강이 나빠지고 있는가

우리 사회가 더 이상 성장 불가능한 막다른 골목에 도달한 것 아니냐는 우려의 목소리가 점점 커지고 있다. 한국 경제는 GDP(국내총생산) 규모를 기준으로 OECD 국가들 중에서 10위권에 속할 정도로 지속적으로 성장했다. 그러나 동시에 10여 년 가까이 자살률은 1등의 자리를 고수하고 있으며, 행복과 관련된 각종 지표들의 경우 OECD 국가들 중 거의 최하위이다. 이런 기괴한 공생 관계, 즉 지속적인 경제성장과 높은 불행의 공존이 과연 앞으로도 계속될 수 있을까? 현재 우리 사회는 그것이 불가능한 일임을 분명히 보여주고 있다.

한국인들의 삶의 질이 전쟁 중인 나라에서 사는 이들보다 더 낮다는 충격적인 조사 결과도 있다. 2014년 여론조사기관 갤럽은 보건컨설팅업체인 헬스웨이스와 협력하여 145개국의 15세 이상 남녀 14만 6,000명을 대상으로 삶의 질을 묻는 설문 조사를 실시했다. 이 설문 조사 결과에 의하면 한국의 세계 웰빙지수는 75위였던 전년도에 비해 42단계나 추락한 117위였다. 삶의 만족도에서 일본(92위, 13.5%), 이란(95위, 13%), 이라크(102위, 12.1%), 기니(116위, 9.4%)보다 순위가 더 낮았다.[1]

겉보기에 평화로운 한국이 사방에서 총포탄이 터지고 사람들이 죽어나가는 내전 중의 이라크보다 심리적으로 더 무서운 사회임을 시사하는 결과이다. 지난 5년간 이라크에서 전쟁으로 사망한 사람보다 한국의 자살자가 더 많다는 사실도 이를 뚜렷이 증명한다. '헬hell조선'이라는 말이 비롯된 이유가 있는 셈이다.

한국인의 불행은 지난 경제성장 기간 동안 핵심 동력이었던 우수한 인적 자원을 가차 없이 파괴하고 있다. 불행한 사람의 정신이 건강할 리 없다. 불행이라는 말에는 필연적으로 정신 건강의 악화가 포함된다. 다른 점은 차치하더라도 불행이 정신 건강의 파탄을 의미하는 이상, 한국사회는 더 이상 발전할 수가 없다. 정신 건강이 악화하면 사람의 정상적인 기능은 저하되거나 와해되기 마련이다. 정상적인 기능을 발휘 못하는 사

---

1 〈헤럴드경제〉, 2015년 6월 24일

람들이 사는 사회가 과연 순탄히 발전할 수 있을까? 결국 현재 한국인들, 특히 우리 아이들이 겪는 문제는 단순히 아이와 부모만의 일이 아니라고 말할 수 있다.

왜 30~40대가 정신 건강이 상대적으로 좋을까?

병적인 사회에서 오는 각종 스트레스는 사회 구성원들의 정신 건강을 해치기 마련이다. 특히 어느 시기에 치명적일까? 아직 마음의 면역력이 약한 어린 시절이다. 최근 한국사회에서 어린 세대일수록 정신 건강 문제가 불거지는 경향은 이 스트레스와 관련이 있다.

한국사회에서 사람들 사이의 관계가 극적으로 악화되기 시작한 90년대에 유년기 혹은 청소년기였던 80년대 출생자들의 정신 건강은 그 이전 세대보다 나쁘다. 관계가 한층 더 악화되었던 2000년대에 유년기 혹은 청소년기였던 90년대 출생자들은 80년대 출생자들보다 정신 건강이 더 나쁘다. 이런 식으로 80년대에 출생한 세대를 기점으로 어린 세대일수록 정신 건강이 더욱 악화되는 경향이 나타난다. 다음의 도표는 건강보험심사평가원이 조사한 2006년 대비 2010년의 연령별 정신 질환 증가율이다.

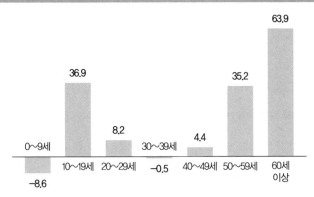

연령별 정신질환 증가율(단위: %)

63.9

36.9

35.2

8.2

4.4

0~9세

10~19세 20~29세 -0.5 40~49세 50~59세 60세
이상

-8.6

30~39세

* 2006년 대비 2010년 증가율, 자료: 건강보험심사평가원

이 도표를 보면 한국인들의 연령별 정신 질환 증가율이 비정
상적인 항아리 모양을 이루고 있음을 알 수 있다. 대부분의 나
라는 정신 질환 증가율이 왼쪽에서 오른쪽으로 증가하는 전형
적인 유형을 보인다. 이런 유형에서는 어렸을 때 정신 질환 증
가율이 현저히 낮다가 나이를 먹을수록 서서히 상승한다. 사실
전쟁이나 재난과 같은 아주 특수한 경우를 제외한다면, 대부분
의 사회에서 아이들은 어른들에 비해 스트레스를 거의 받지 않
는다. 보통 아동기까지는 아무 걱정 없이 친구들과 마음껏 뛰
어놀 수 있기 때문에 정신 질환이 발병할 가능성이 거의 없다.
청소년기와 청년기 역시 크게 다르지 않다. 설사 정신 질환을
앓을만한 잠재요소가 있다 하더라도 성장에 대한 욕구가 넘치
는 시기인 만큼 표면화되기 어렵다.

통상적으로 정신 질환은 과거로부터 누적된 마음의 상처가 사회적 스트레스와 결합하면서 표면화되거나 악화되고, 대부분의 경우 성인기부터 본격적으로 발병하기 시작한다. 어렸을 때부터 있었던 이런저런 심리적 상처가 세상살이를 하는 과정에서 점점 심화되므로 사람은 나이가 들수록 정신 질환에 더 취약해지기 쉽다. 따라서 다소 급격하다고 볼 수밖에 없기는 하지만, 50대부터 정신 질환 증가율이 치솟는 것은 어느 정도 이해할만하다. 그러나 20대 청년 세대의 정신 질환 증가율이 30~40대보다 더 높다는 점, 10대 청소년의 증가율이 20대는 물론이고 50대보다도 높다는 점은 참으로 충격적이다.

이 도표를 보면 특이한 점이 또 하나 있다. 전반적으로 정신 질환 증가율이 큰 폭으로 증가하고 있는 와중에 유독 30~40대는 상대적으로 낮다. 모두 똑같은 사회에서 살고 있음을 고려할 때 이는 30~40대가 정신 질환에 상대적으로 강한 내성 혹은 면역력을 가지고 있음을 시사한다. 왜 이 세대들은 더욱 강한 내성을 갖게 되었을까? 여러 이유가 있겠지만 한 가지만 지적해보겠다. 현 시점으로 국한해볼 때, 한국사회에서 어린 시절 마음껏 놀 수 있었던 것은 60~70년대에 출생한 이 두 세대이다.

50년대에 출생한 세대만 하더라도 정치적으로 암울했던 이승만 독재 정권 시기, 경제적으로는 한국전쟁 직후 궁핍한 시기에 유년기를 보냈다. 당시 부모들은 전쟁 후유증에 시달렸고 정치적으로나 경제적으로 희망이 없는 시절이었기 때문에 아이들이 자유롭게 놀 여건이 되지 못했다. 아이들이 생계를 도와야 하는 경우도 많았고, 그렇지 않더라도 마음의 여유가 없는 어른들은 아이들에게 관대하지 않았다. 아이들이 눈치 보지 않고 마음껏 뛰어놀기란 어려운 상황이었다.

반면 60년대부터 전쟁의 상처가 아물기 시작했다. 4·19혁명이 성공해 독재 정권을 매장시켰으며, 경제성장이 본격적으로 이뤄졌다. 이 시기의 부모들은 나름대로 희망을 가질 수 있었고 마음에 여유가 생겼기에 아이들을 자유롭게 놀도록 허락하는 경향이 있었다. 덕분에 비록 가난하기는 했지만 60년대 출생자들은 대부분 유년기에 나름의 자유가 있었다. 70년대의 경우 상황이 더 좋았음은 굳이 설명할 필요가 없을 것이다. 그러나 80년대부터는 상황이 많이 달라졌다. 80년대 후반 형식적 민주화에서 상당한 진전이 이루어지기는 했지만 경제성장은 주춤하기 시작했고 빈부 격차와 같은 사회 모순이 한층 심각해지기 시작했다.

드라마 〈응답하라! 1988〉은 이즈음을 배경으로 한다. 주인공 덕선이네 가족은 반지하에서 산다. 덕선이 아버지는 가난한 월급쟁이지만 "반지하가 어때서 그래? 여름에는 시원하고 겨울에는 따뜻해서 좋지"라고 당당하게 외치는 사람이다. 없는 형편에도 자기 주머니를 털어서 어려운 이웃들을 돕는 마음씨 착한 사람이다.

그런데 어느 날 덕선이 아버지가 막내 아들의 학교에 갔다가 반 친구들이 아들을 '반지하'라고 부르는 모습을 보고 커다란 충격을 받는다. 혼자 포장마차에서 연방 잔을 비우며 신세 한탄을 하는 그에게 어느 할머니가 껌 한 통 사달라며 다가온다. 예전 같으면 망설임 없이 사주었을 테지만, 애써 외면하다 마지못해 돈을 내밀며 이렇게 말한다.

"할머니, 이번이 마지막이에요. 앞으로는 못 사드려요."

반지하에 살아도 무시당하지 않던 시절은 그렇게 끝나간다. 더불어 착한 한국인들의 이웃에 대한 사랑도 사라져간다. IMF 경제 위기를 매개로 신자유주의가 한국사회를 점령하기 전까지 한국인들의 마음 씀씀이는 덕선이 아버지와 같았다. 어디에 사느냐에 따라 놀림당하지 않을 수 있었다면 지금 우리의 모습은 조금 다르지 않았을까. 적어도 아이들에게 놀이를 허락하는 여유는 지킬 수 있지 않았을까.

놀이의 반대말은 우울

그렇게 90년대를 통과하면서부터 조기 교육이나 사교육을 강요하는 부모들이 빠르게 늘어나기 시작했고, 80년대 출생자들이 첫 희생양이 되었다. 이런 맥락에서 보면 60~70년대 출생자 세대는 복 받은 이들이라고 할 수 있다. 적어도 어릴 때 마음껏 놀 수 있었으니까.

유년기에 마음껏 놀며 성장한 세대의 정신 질환 증가율이 성인기와 중년기가 되어서도 상당히 낮다는 점은 어릴 때 마음껏 노는 것이 단지 그 시기만의 문제가 아님을 의미한다. 평생의 정신 건강을 좌우하는 중대한 문제인 것이다.

계속해서 아이들에게서 놀이를 박탈한다면, 한국사회는 장차 정신 건강이 좋지 않은 어른들, 좀 극단적으로 말하자면 정신 질환자가 넘치는 심각한 병리 사회가 될지도 모른다. 과연 이런 사회가 지속적으로 발전할 수 있을까? 발전은 둘째 치고 현상 유지라도 할 수 있을까? 《플레이, 즐거움의 발견》의 공동 저자이자 정신과 의사이며, 미국 놀이연구소 소장인 스튜어트 브라운은 한국인들에게 이렇게 충고한 바 있다.

한국은 더 높이 도약할 준비가 되어있지 않습니다. 바로 사회 전체에 '놀이'가 없기 때문입니다. 놀이의 반대말은 일work이 아닙니다. 놀이의 반대말은 우울함depression입니다.[2]

어려서 놀이를 경험해보지 못한 사람은 어른이 되어서도 놀이를 즐길 줄 모른다. 브라운의 충고에 따르면 어려서 놀이를 경험하지 못할 경우 장차 우울한 어른이 될 가능성이 크다. 개인이 우울해지면 도약은커녕 자살할 확률만 높아지듯이, 놀이를 잃어버리고 우울 속에 깊이 잠긴 한국사회 역시 앞으로 나아갈 수 없다. 아이들에게서 놀이를 박탈하는 것은 단지 아이들과 부모들에게만 상처를 주고 끝나지 않는다. 한국을 더 이상 성장 불가능한 나라로 만들어버리는 결과를 초래할 수 있다.

놀이 박탈이 미치는 영향은 이미 한국사회의 여러 영역에서 갖가지 형태로 표출되고 있다. 다음 장부터는 놀이를 빼앗긴 채 자라난 아동 청소년, 청년 나아가 성인에게 어떤 문제가 나타나는지 구체적으로 살펴보고자 한다.

2 스튜어트 브라운 외, 《플레이, 즐거움의 발견》, 한국어판 서문 중에서

꿈을 잃은 **세대는**
장차 **어떻게** 살 것인가

자유는 인간이 누려야 할 기본이자 가장 중요한 권리이다. 어려서부터 권리를 박탈당한 아이들은 무력감에 짓눌리고 그 나이에 맞는 꿈을 잃는다. 오늘날 한국의 젊은 세대는 새로운 도전이나 모험을 두려워하는 경향이 있다. 오직 생존만을 바라기 때문이다.

요즘 초등학생들이 나누는 대화를 들어보면 벌써부터 어른이 돼서 어떻게 먹고살지를 걱정한다. 내가 초등학생이었던 시절만 해도 아이들이 성인기의 생존 문제를 지레 걱정하는 경우는 없었다. 하지만 오늘날 초등학생들은 벌써부터 미래에 대한 걱정을 껴안고 살아간다. 안타깝게도 공포에 질려있는 아이들에게 꿈은 사치일 뿐이다.

벌써부터 먹고살 걱정을 하는 아이들

한국 아이들은 꿈을 잃었다. 동시에 삶에 대한 의욕도 잃었다. 그나마 지금은 공무원과 교사라도 희망하고 있지만 머지않아 이것조차 비현실적인 꿈임을 깨닫게 될 것이다. 그다음은 대체 무엇일까? 한국의 젊은 세대가 장차 어떻게 될지는 얼마 전 한 일간지에 실린 아래 기사를 보면 예측할 수 있다.

한국 경제가 저성장에서 벗어나지 못하면서 젊은이들이 포기해야 하는 항목도 늘어났다. 주택 마련과 인간관계가 '포기 목록'에 추가로 들어가면서 '3포'는 '5포'로 확장됐고 결국 희망과 꿈마저 포기해야 하는 청년(7포 세대)들도 늘어났다. (중략) 일본의 젊은 층은 '사토리 세대'라고 한다. 사토리는 '깨달음'을 뜻하는 일본말로 현실을 냉정하고 직시해 인정하고 적응하는 세대를 말한다. 사토리 세대라는 용어는 높은 실업률로 좌절한 청년들이 희망과 의욕도 없이 무기력해진 모습을 반영하고 있다. (중략)

사토리 세대는 과거 일본 거품붕괴의 부작용을 단적으로 보여준다. 장기불황이 일자리나 희망을 주지 않자 일본 젊은이들은 돈과 명예에 관심이 없는 '경지'에 이르렀다. 일본 아사히신문은 "사토리 세대의 특징은 과정보다 결과를 중시하고 결과가 뻔히 예측되는 일에는 나서지 않으며 낭비를 하지 않는 것"이라고 설명했다. 물질과 출세에 관심이 없는 청년들이 늘어나자 일본에서는 20~30대 젊은 창업자의 비율이 점

점 감소해 일본정부가 대책 마련에 나섰다. (중략)

일본의 사토리 세대는 소비에 아예 무관심한 태도마저 보인다. 이들은 대체로 목돈이 드는 해외여행, 자가용 보유 등에도 별 관심이 없다. 연애조차 낭비라고 생각할 정도로 지갑을 굳게 닫았다. 소비 시장의 주축인 젊은 층의 소비가 줄어드는 것은 경제에 부정적인 영향을 준다. 이들이 경제활동으로 벌어들인 소득이 소비시장에 풀려야 내수 경기 진작을 기대할 수 있기 때문이다. 경기 불황에 직장 구하기가 어려워지고 취업난 가중이 내수시장의 침체로 이어져 결국 저성장을 고착화하는 악순환이 반복되고 있는 것이다.[3]

요즘 모든 것을 포기한 'N포 세대'라는 말이 등장해 한창 회자되고 있다. 공무원과 교사라는 꿈조차 꿀 수 없게 되면 한국의 젊은 세대 역시 일본의 사토리 세대와 동일한 N포 세대로 전락해버리고, 한국은 발전 동력을 완전히 상실하게 될 것이다. 안 그래도 심각한 출산율 저하로 인해 2020년부터 본격적으로 생산 인구 부족 문제를 겪게 되리라는 걱정 어린 예측이 나오고 있다. 그런데 생산 인구가 심지어 완전한 무기력증과 의욕 상실증에 빠진 N포 세대가 될 경우 우리 사회는 과연 어떻게 될까?

---

3 〈연합뉴스〉, 2015년 8월 4일

한국의 젊은 세대는 행복하지 않다. 아니, 정확히 말하자면 오늘날 젊은 세대는 유사 이래 가장 불행하다. 이런 세대가 자식을 낳아서 사회에 내보내고 싶을까? 어쩌면 아이를 낳아서 기르고 싶은 젊은이가 줄어드는 현상은 너무나 당연한 일인지도 모른다. 저조한 출산율 문제, 젊은 세대의 자포자기와 무기력 문제를 해결하려면 근본적으로 변화가 필요하다.

놀 권리를 뺏기면 분노가 쌓일 수밖에 없다

자유를 박탈당하는 사람은 무력감을 느끼는 동시에 박탈하는 상대에게 분노를 품기 마련이다. 놀이, 곧 자유를 박탈당한 아이들은 이를 박탈하는 부모에게 분노할 수밖에 없다. 물론 아이가 부모를 사랑하지 않는다는 뜻은 아니다. 그러나 자유가 삶에서 결정적인 가치인 만큼 놀 권리를 뺏기면서 자라날 경우 부모에 대한 반감이 쌓이는 것은 결코 피할 수 없다.

부모에 대한 분노가 심하더라도 어린 아이에게는 아직 이런 감정을 표현할 방법이 없다. 수동적으로 저항하거나 공부를 게을리 하는 방식으로 표현하는 경우가 대부분이다. 청소년기가 되면서 부모에 대한 분노 표출은 다소 표면화되지만, 이 시기 역시 무차별적 반항, 개인적 일탈, 자기 학대와 같은 간접적인 방식이 대부분이다. 결국 자녀의 분노는 부모와 자녀의 역할이 서서히 뒤바뀌기 시작하는 부모의 노년기부터 직접적으로 표출되기 시작한다.

눈앞의 학대자, 진짜 학대자

어린 시절 부모에게 자유를 박탈당하며 자란 아이들의 가슴에 분노가 쌓인다는 견해가 선뜻 수긍하기 어려운가. 이에 대해 좀 더 살펴볼 필요가 있겠다. 우선 2014년 자료에 의하면 한국사회에서 노인학대가 지난 5년 사이 32%나 급증했고, 가해자 가운데 40%가 아들[4]이었다. 이와 관련하여 '노인학대 문제, 사회적 문제로 인식해야'라는 기사 중 일부를 소개한다.

노인학대 신고접수 건수가 최근 5년 새 약 32% 급증한 가운데 학대 가해자 가운데 '아들'이 가장 큰 비중을 차지한 것으로 나타났다. 인재근 새정치민주연합 의원이 13일 보건복지부로부터 제출받은 자료에 따르면 전국 노인보호전문기관에 접수된 노인학대 신고 건수는 △2009년 2,674건 △2010년 3,068건 △2011년 3,441건 △2012년 3,424건 △

4 〈머니투데이〉, 2014년 6월 13일

2013년 3,520건(잠정)으로 꾸준히 늘어나는 추세를 보였다. 노인학대 신고 건수가 2009년과 비교, 2013년에는 31.6% 증가한 것이다. 학대 가해자는 대부분이 가족으로 나타났다. 특히 지난해 전체 학대 가해자 4,013명 중 아들이 1,619명(40.3%)에 달했다. 이어 배우자가 551명(13.7%), 딸 519명(13.0%) 순이었다. 학대 유형으로는 정서적 학대가 38.3%로 가장 많았고, 이어 신체적 학대가 24.5%, 방임 18.6%, 경제적 학대 9.0% 순이었다. 인 의원은 학대를 경험한 65세 이상 노인의 수가 최소 78만 명을 웃돌 것으로 보고 있다.

자식들의 부모 학대를 두둔할 마음은 전혀 없다. 하지만 못된 짓을 하는 자식을 욕하기 전에 부모에 대한 분노가 왜 그렇게 심해졌는지에 대해서 살펴볼 필요가 있다. 자식이 어렸을 때 부모가 마음껏 놀 자유를 주고 그런 환경을 보장해주며 건강하게 사랑하면서 키웠다면 과연 성인이 된 자식이 노인이 된 부모를 학대할 수 있을까? 그렇게 되기란 심리적으로 불가능하다. 어떤 부모들은 억울하다고 항의할지도 모른다. 그러나 부모는 자식을 사랑한다고 생각했고 변함없이 그렇게 믿더라도, 부모가 한 행동이 객관적으로 자식에 대한 건강한 사랑이 아니었을 가능성은 얼마든지 있다.

성적이 좋지 않으면 매를 때리거나 냉대했던 부모, 성공한 삶을 살라고 압박하거나 강요하여 결과적으로 불행으로 몰아간 부모를 향해 자식들이 분노하는 것은 정상이다. 깊은 새벽에 곤히 잠든 아이를 깨워 다른 아파트 쪽을 가리키며 "친구 방에는 불이 켜져있는데 너는 시험 기간에 왜 자느냐"고 말했던 엄마에 대해 "그날부터 엄마도, 친구도 죽이고 싶었다"[5]고 고백하는 아이의 마음이 과연 비정상일까?

물론 우리 아이들, 나아가 젊은 세대를 학대한 주체는 본질적으로 병적인 한국사회다. 하지만 자식에게 구체적인 학대 행위를 한 당사자는 부모이다. 만일 젊은 세대가 진짜 학대자 쪽으로 분노를 돌리지 못한다면 이들의 분노는 눈앞의 학대자인 부모를 향하게 될 가능성이 크다. 어린 자식에게서 놀 자유를 박탈하고, 병든 사회를 바꾸려 하기보다 순응하며 살아가는 부모들은 생각조차 못했던 결과를 맞을 수도 있다.

---

5 송현숙 외, 《놀이터의 기적》, 2015, 씨앗을 뿌리는 사람, 142쪽

MIT대학은 갈 수 있어도
서울대는 가기 어렵다?

　젊은 세대가 무기력증에 빠져있지만 창의성이라도 있다면 그나마 위안이 될지 모르겠다. 그러나 현실은 그렇지 못하다. 그 이유 가운데 하나가 바로 놀이의 박탈이다. 어린 시절 놀이는 창의성을 활짝 꽃피우게 해주는 최초의 계기가 된다. 놀이가 창의력 발달에 중요하다는 사실은 아래 짧은 인용 단락만 보더라도 알 수 있다.

　"스마트폰에 코 박고 살던 아이들이 장난감 하나 없이 땅을 파 개미집을 연결했고, 자연 속에서 이름 모를 놀이들을 계속 만들어냈다. 게임과 텔레비전을 떠난 아이들은 놀이터 갈 생각에 아파도 학교에 나왔고, 친구들과 눈과 몸을 부딪치며 스스로 자랐다."[6]

아이들은 자유롭고 즐겁게 또래들과 어울리며 창의성을 발휘해 새로운 놀이를 창조하고 여러 장난감도 만들어낸다. 놀이 그 자체가 창의성을 요구하기 때문에 아이들은 놀이를 통해 자연스럽게 창의력을 발달시킬 수 있다. 따라서 놀이 기회가 적은 아이일수록, 사교육을 일찍부터 받은 아이일수록 도리어 창의성이 부족할 가능성이 높다.

잘못된 제도 교육 역시 창의성 발달을 방해한다. 아동에 관한 여러 연구에 따르면 한국 아이들의 경우 제도 교육을 받기 시작하는 5세 무렵부터 창의성 발달 속도가 감퇴된다고 한다. 한국의 제도 교육이 정해진 답을 달달 외워야만 우수한 성적을 받을 수 있는 주입식 교육, 획일적 교육, 일방적 교육의 전형에서 아직도 벗어나지 못하는 탓이다.

창의성 발달의 결정적 시기는?

얼마 전 한 일간지에 한국 고등학생이 저명한 국제 대회에서 연속으로 우승을 차지했다는 기쁜 소식이 실렸다. 심사위원이었던 어느 교수는 그 자리에서 이 학생에게 자신이 재직 중인

6 송현숙 외, 《놀이터의 기적》, 2015, 씨앗을 뿌리는 사람, 18쪽

MIT대학에 입학하라고 제안했다. 그러나 서울대가 목표였던 학생은 제안을 거절했다. 과연 MIT대학에 들어갈 정도로 뛰어난 실력을 갖춘 이 학생은 서울대에 거뜬히 입학할 수 있을까? 할 수 없다. 전 과목을 다 잘하지 못하기 때문이다. 한국에서는 국영수를 비롯해 전 과목에서 만점을 받을 정도로 성적이 좋아야만 명문대에 진학할 수 있다. 하지만 MIT대학 같은 외국 명문대들은 전 과목 만점자를 요구하지 않는다. 전공 분야에 뛰어나면 나머지 과목은 평균 정도만 해도 입학할 수 있다. 서울대는 세계 대학 순위에서 85위인 반면 MIT대학은 10위 안에 속한다. 역설적이지만 창의성이 뛰어난 인재들은 MIT대학은 갈 수 있을지 몰라도 서울대는 가기 어렵다.

어릴 때부터 공부를 강요하는 것도 그렇지만, 전 과목을 다 잘하라고 요구하는 것 역시 문제이다. 핀란드를 비롯해 몇몇 나라에서는 초등학교 시기에 성적을 매기지 않으며, 전 과목 최우수보다 평균 이하로 떨어지는 과목이 없도록 교육하는 데 방점을 찍는다. 누구도 전 과목을 잘할 수는 없기 때문에 모조리 만점을 받으라고 요구하지 않는다. 이런 교육 환경에서 아이들은 전 과목 만점을 받으면서 정작 특출하게 잘하거나 좋아하는 과목이 없는 수능형 인재가 아니라, 전 과목은 평균 정도이되 좋아하는 과목에 특히 우수한 창의적 인재로 자라날 수 있다.

어떤 면에서는 전 과목을 다 잘하는 한국 학생들이 우수한 것처럼 보일지도 모른다. 실제로 만 15세 학생들의 읽기, 수학, 과학 등을 평가하는 국제 학업 성취도 평가에서 한국 학생들은 늘 세계 최상위를 차지하곤 한다. 그러나 이미 글로벌 기업이나 세계 유수의 대학에서 한국인의 경쟁력은 서서히 바닥을 드러내고 있다.[7]

미국 아이비리그 대학들에서 한국 학생들을 기피한다는 이야기가 나오기 시작한 것이 어제오늘 일이 아니다. 미국 대학 교수들이 한국 유학생들에게 어떤 주제에 대한 의견을 물으면, "아리스토텔레스는 이렇게 말했고, 칸트는 이렇게 말했고……" 하는 판에 박힌 대답을 한단다. 인터넷만 클릭하면 누구라도 접할 수 있는 정보들만 늘어놓는 것이다. 정보가 아닌 네 생각을 말해보라고 하면 어쩔 줄 몰라 하는 것이 그들의 현 모습이다.

흔히들 장차 한국의 성장 동력은 창의적 인재 양성에 달렸다고 말하곤 한다. 우리나라에서도 빌 게이츠나 스티브 잡스 같은 인물이 나와야 한다고 주장하기도 한다. 하지만 창의적 인재는 고사하고 젊은 세대의 창의성이 갈수록 저하될 가능성이 크다. 어린 시절 놀이를 박탈하여 창의성 발달의 결정적 시기

7 송현숙 외, 《놀이터의 기적》, 2015, 씨앗을 뿌리는 사람, 78쪽

를 놓치게끔 만들고, 학창 시절에는 획일화된 주입식 제도 교육으로 창의성을 질식시키는데, 이런 환경에서 어떻게 창의적 인재가 나올 수 있겠는가.

창의성은 공포와 불안에 시달리는 사람이 가질 수 있는 특성이 아니다. 잠재력을 최대한 계발하고 발휘할 수 있는 마음이 평화로운 사람, 행복한 사람이 갖는 고유의 특성이다. 그런데 창의성 잃은 젊은이들을 양산하고 있는 나라가 과연 경쟁력을 갖출 수 있을까?

다른 것은 **포기**해도
자식 교육은 포기할 수 없는 사람들

도토리 키 재기에 불과할 수 있겠지만, 한국에서 가장 불행한 세대는 노인 세대이다. 한국의 노인 세대가 처한 상황은 상당히 심각하다.[8] 보건복지부가 발표한 〈2014 노인 실태 조사〉에 의하면 노인 중 33.1%가 우울증을 앓고 있다.

정신 장애란 정상인 상태와 비교했을 때 질적인 차이가 아니라 양적인 차이가 있는 것이다. 예를 들어 모든 사람들이 우울이라는 감정을 가지고 있지만 그 정도가 심하면 우울증으로, 그 정도가 약하면 정상으로 구분하는 것과 같다. 따라서 노인 10명 가운데 3~4명이 우울증을 앓는 것은 거의 모든 노인들이

---

8 〈헤럴드경제〉, 2015년 5월 8일

우울한 상태에 있음을 의미한다. 우울증은 자살의 주요 원인인 만큼 한국 노인 세대의 자살률 또한 상당히 높은 수준이다. 한국의 노인 자살률은 인구 10만 명당 81.9명으로 OECD 회원국 가운데 압도적으로 1위를 차지하고 있다. 미국(14.5명)의 5.6배, 일본(17.9명)의 4.7배로 OECD 회원국 평균보다 무려 10배 정도 높은 순위이다.

노인 세대는 왜 이렇게 불행한 상태에 놓여있을까? 한국에서 노년이 불행한 가장 큰 이유 중 하나로 빈곤이 거론된다. 한국노동연구원에 의하면 65세 이상의 노인 빈곤율은 2위인 스위스(24.0%)의 2배를 훌쩍 넘는 48.6%로 OECD 회원국 중 단연 1위다. 한국인들은 왜 노년에 다들 빈곤해지는 것일까? 젊었을 때 열심히 일하지 않아서? 저축을 하지 않고 과소비를 일삼아서? 둘 다 아니다. 이유가 과연 무엇일지 질문하면 상당수가 주저 없이 이렇게 대답한다.

"다 자식들한테 들어가니까 돈이 없죠."

최근 한 일간지는 '자식 교육에 올인하는 부모, 사死교육비에 노후 준비도 막막'이라는 제목으로 다음 사례를 보도했다.

맞벌이를 하는 이모(39) 씨 부부는 합산 소득이 월 650만 원 정도다. 매달 허리띠를 졸라매며 저축하지만 모이는 돈이 많지 않다. 초등학교에 다니는 두 딸의 교육비 때문이다. 딸의 영어 학원, 피아노 학원, 수영

교습 등에 매달 200만 원 가까이 들어간다. 이씨는 "다른 것은 포기해도 자식 교육은 포기할 수 없는 게 부모 마음 아니겠느냐"며 "여유가 있다면 이것보다 더 수준 높은 교육을 시키고 싶다"고 말했다.[9]

한국개발연구원에 의하면 국내 연간 사교육 시장 규모는 33조 원에 육박한다. 이런 엄청난 비용을 수반하는 사교육 시장은 단지 공교육을 파행으로 몰아가는 수준을 넘어서 과도한 가계 지출을 초래하고, '실버푸어(가난한 노년층)'의 원인이 되고 있다.

"다 자식들한테 들어가니까 돈이 없죠."

한국은 자식 양육에 막대한 돈이 들어가는 반反복지사회이다. 무상의료나 무상교육 제도 같은 복지 제도가 잘 갖춰진 나라들의 경우 양육에 거의 돈이 들지 않는다. 대학까지 무상교육이 실시될 뿐 아니라 사교육이 아예 없기 때문이다. 그러나 한국은 복지 제도가 형편없다. 부모들이 양육과 교육에 필요한 모든 비용은 물론이고, 막대한 사교육비까지 부담해야 한다.

9 〈세계일보〉, 2015년 8월 12일

게다가 대학 등록금은 살인적으로 높으며, 자식들은 취업난으로 인해 대학 진학 후에도 스펙을 쌓기 위해 각종 사교육을 받는다. 물론 여기에 필요한 돈 역시 부모의 지갑에서 나간다. 최근 조사 결과에 의하면 한국의 대학생들은 한 달에 약 140만 원 정도를 사교육비로 지출한다.

그러나 자녀가 대학을 졸업하는 순간 부모의 뒷바라지가 끝나는 것도 아니다. 결혼할 때에도, 집을 구할 때에도 필요하다. 요즘에는 손주 학원비까지 대줄 수 있어야 할아버지, 할머니 자격이 있다는 말까지 나오는 지경에 이르렀다. 노인들 사이에서 "돈이 있으면 자식 뒷바라지하느라 힘들어서 죽고, 돈이 있어도 뒷바라지하지 않으면 자식 성화에 시달려서 죽고, 돈이 없으면 자식한테 무시당해서 죽는 것이 노인이다"라는 말이 농담처럼 유행할 정도란다. 그런데 이를 마냥 터무니없다고 치부할 수 없는 것이 지금 현실이다.

평생 죽어라고 일해 돈을 벌어도 밑 빠진 독에 물 붓기 식으로 자식 뒷바라지에 다 소진된다. 그 결과 노년에 빈곤해지는 것은 당연하다. 대기업 임원이나 고급 공무원으로 일했더라도 처지는 크게 다르지 않다. 퇴직금이나 연금이 마련된 상태라면 노인이 된 부부가 수수하게 노후 생활을 하기에 부족하지 않다. 하지만 이들 중 대부분은 어떻게 해서든 돈을 더 벌어야 한다는 압박감에 시달린다. 퇴직금이나 연금만으로는 점점 더 큰 돈이 들어가는 자녀 뒷바라지에 넉넉지 못하기 때문이다. 노후 자금으로 주식 투자나 장사를 시작하기도 한다. 한국 자영업자 비중이 OECD 회원국들 가운데 최상위권인 까닭이 바로 여기에 있다.

그러나 주식 투자나 자영업을 통해서 돈을 불리는 데 성공하는 경우보다는 날리는 경우가 허다하다. 결국 이들 중 상당수가 졸지에 빈곤층으로 전락한다. 한국에서 50대를 기점으로 빈곤율이 급격히 상승하는 것은 이런 현상과 맞닿아있다. 더구나 빈곤층으로 전락한 부모가 자식들한테 외면당하면서 노인들은 점점 더 외로워지고 불행해진다. 노인 고독사 비율이 꾸준히 상승하고 있는 상황 역시 이와 결코 무관하지 않다.

한국 노인 세대의 비참한 상태는 결코 남의 이야기가 아니다. 젊은 세대가 언젠가 맞이하게 될 어두운 미래이기도 하다. 만일 한국사회가, 한국인들의 삶의 방식이 변화하지 않은 채 세월이 흘러간다면 앞으로의 노년기는 더 끔찍해질 것이 분명하다.

어릴 때 **공부**하지 않으면
불행해질 것이라는 믿음

　한국방정환재단과 연세대학교 사회발전연구소가 전국의 초등학교 4학년에서 고등학교 3학년까지의 학생 6,791명을 대상으로 실시했던 〈2012 한국 어린이·청소년 행복지수 국제비교〉 자료에 의하면 한국 어린이의 행복지수는 조사 대상국들 가운데 4년째 최하위였다. 한국의 어린이와 청소년이 느끼는 주관적 행복지수 역시 OECD 국가들 가운데 최하위였다.

　보건복지부의 〈2013년 한국아동 종합실태조사〉에 의하면 한국 아이들의 삶의 만족도는 OECD 국가들 가운데 꼴찌였고, 아이들의 삶의 만족도를 끌어내린 주요 원인으로 학업 스트레스를 비롯한 각종 스트레스가 꼽혔다. 이 외에도 2010년에 자살한 청소년의 수가 교통사고, 암, 심장 질환으로 사망한 수를 더한 것보다 많다는 가슴 아픈 결과도 있다.

한국의 아동 청소년은 여전히 자식들을 위해서 번 돈의 대부분을 지출하는 헌신적인 부모들 밑에서 자라나고 있다. 그럼에도 아동 청소년은 노인 세대 다음으로 불행한 상황이다. 아동 청소년은 인생 초반기를 이제 막 통과하고 있는, 꿈과 희망으로 마땅히 행복해야 할 세대이다. 이들이 한국에서 노인 세대 다음으로 불행하다는 것은 뭔가 잘못되어도 아주 크게 잘못된 일이다.

한국이 어쩌다 이토록 끔찍한 곳으로 변한 것일까? 한국 부모들은 아이의 행복을 위해서 모든 것을 다 바쳤는데, 왜 아이들은 행복해지기는커녕 계속해서 불행해지고 있는 것일까? 사실 이유는 나와있다. 대부분의 부모가 아이에게 헌신의 대가로 공부를 강요하기 때문이다. 2014년 초록우산어린이재단이 초등학생 110명을 대상으로 조사한 결과, 초등학생 10명 중 9명이 사교육을 받고, 평균 7시간 정도 자면서 학업 스트레스에 시달리고 있다. 재단 주최로 2014년 개최된 '대한민국 아동을 말한다'라는 연구 보고회에서는 다음과 같은 사례가 발표되기도 했다.

강남 8학군 소재의 학교에 다니는 한 초등학생은 오전 2시 30분에 취침해 오전 7시에 기상한 뒤 모든 시간을 학교와 영어·수학 학원 및 과제를 하는 데 할애하고 있었으며, 단 한 시간의 여가 및 자유 시간도 갖지 못하는 것으로 나타났다.[10]

왜 아이가 행복해하는 모습을 견디지 못하는가

물론 부모들도 아이들이 자유롭게 놀아야 행복하고 놀지 못하면 불행하다는 것쯤은 알고 있다. 2014년 2월 초에 초등학생 부모들을 대상으로 실시한 설문 조사에서 '자식들이 충분히 놀고 있느냐'는 질문에 대해 62.8%의 부모들은 '아니다'라고 대답했다. 대부분의 한국 부모들이 자식들이 충분히 놀지 못한다는 사실을 알며, 그런 현실을 안타까워하고 있음을 의미한다. 그럼에도 상당수 부모들은 아이들에게 놀 자유를 허락해주지 않는다.

오늘날 부모들이 아이들이 공부로 고통을 받아야 비로소 안심하는 까닭은 무엇일까? 그들에게 "왜 아이가 즐겁게 노는 모습을 기쁜 마음으로 보지 못하느냐?" 혹은 "왜 아이가 행복해하는 모습을 견디지 못하는가?"라고 물어보면 대부분 이렇게 대답한다.

---

10 〈문화일보〉, 2014년 12월 8일

"마냥 놀다가 공부에서 뒤처질까 봐 그렇죠."

그렇다. 부모가 자식을 맘껏 놀지 못하게 하는 것은 자식이 공부에서 뒤처질까 우려해서다. 자식이 어려서부터 공부에서 뒤처지면 절대 안 된다고 생각하는 이유는 무엇일까? 일류 대학에 진학할 수 없을까 봐 걱정하는 탓이다. 일류 대학에 진학하지 않으면 안 된다고 생각하는 이유는 무엇일까? 좋은 직업을 갖지 못할까 봐 걱정하는 탓이다. 자식이 좋은 직업을 가져야 한다고 생각하는 이유는 무엇일까? 돈을 많이 못 벌까 봐 걱정하는 탓이다. 자식이 성인이 되었을 때 돈을 못 벌면 안 된다고 생각하는 이유는 무엇일까? 돈이 없으면 불행해질 것이 확실하다고 믿기 때문이다.

결국 한국 부모들이 아이들에게서 자유롭게 놀 권리를 빼앗는 것은 어릴 때 공부를 열심히 하지 않으면 장차 불행해질 것이라고 굳게 믿는 탓이다. 다시 말해 아이들의 불행은 의식적이건 무의식적이건 간에 부모들이 '돈이 곧 행복'이라는 가치관을 신봉하는 데서 비롯된다.

현재의 행복이냐, 미래의 행복이냐

아이가 어릴 때 마음껏 놀아야 행복하다는 것은 부모도 알고 있다. 하지만 그러다 공부에서 뒤떨어져서 어른이 되어 성공하지 못하고 불행해진다면? 고민 끝에 한국 부모들은 자식을 위해서 선택을 한다. 현재의 행복, 미래의 행복 가운데 하나를 고르는 것이다. 현재의 행복을 중시하는 부모는 아이에게 놀 자유를 허락하겠지만, 미래의 행복이 더 중요하다고 생각하는 부모는 아이에게서 놀이를 박탈하면서까지 공부를 강요한다.

현재 상황으로 미루어볼 때 안타깝게도 부모들은 대부분 후자를 선택하고 있다. 그러나 어쩔 수 없이 후자를 선택했을 뿐 그들 역시 즐거울 리 없다. 마음껏 놀지 못하고 공부에 치이는 아이의 불행한 얼굴을 보는 것은 부모로서 할 짓이 못 되기 때문이다. 아이에게서 현재의 행복을 뺏고 있다는 죄의식과 불행하게 살고 있는 아이를 지켜보는 데서 오는 고통을 덜기 위해 부모들은 마음속으로 이런 말을 하면서 하루하루를 버틴다.

"지금 네가 무척 힘들고 불행하다는 것을 알아. 하지만 미래의 행복을 위해서 참고 이겨내야 해."

어릴 때는 불행해도 괜찮다?

자식을 위해 현재가 아닌 미래의 행복을 선택한 한국 부모들은 "지금은 불행해도 괜찮아. 미래에 행복해질 수 있으니까"라고 스스로 합리화하거나 아이들을 달랜다. 만일 '돈이 곧 행복'이라면 부모들의 이런 행동은 그나마 최소한의 정당성을 획득할 수 있을지도 모른다. 그러나 돈 중심의 행복관이 옳지 않다면 어떨까? 아이가 성장해서 돈을 많이 벌면 행복해질 거라고 굳게 믿으며 어린 시절의 불행을 강요했는데, 성장한 뒤 돈을 많이 벌었다 해도 행복해하지 않는다면 어떻게 될까?

정말 그렇게 된다면 미래를 담보로 아이들로부터 현재의 행복을 박탈하는 것은 비록 고의는 아닐지라도 미필적 사기와 다를 바 없다. 또한 자식에게서 단지 어린 시절만이 아니라 미래의 행복까지 빼앗는 행동이 되어버린다. 돈이 곧 행복이라고 믿는 부모 때문에 그 나이의 즐거움을 포기했는데, 훗날 그런 결과에도 불구하고 행복해지지 않는다면 자식은 부모를 향해 뭐라고 말할 것인가. 이 질문은 너무나 중요하다. 미래의 행복을 위해 현재의 행복, 나아가 청년기의 행복까지 포기해야 한다는 부모들의 믿음이 과연 정당한지에 대해서는 뒤에서 자세히 살펴보기로 한다.

돈이 곧 행복이라는 믿음은 단지 미신일 뿐이다. 설사 이 믿음이 옳다고 하더라도 현재의 행복을 박탈하는 것, 곧 어린 시절 놀이를 빼앗는 일은 절대로 일어나선 안 된다. 어떤 경우에도 아이에게서 놀 권리를 빼앗아선 안 된다. 놀이의 박탈은 단지 어린 시절뿐 아니라 인생 전반에 치명적인 영향을 행사하기 때문이다.

실컷 논 아이가

행복한 어른이 된다

2부

아이에게
왜 놀이가 중요한가?

사회적 능력은 사람이 사회적 존재로서 성장하는 데 필요한 최소한의 능력이다. 늑대의 사냥 능력과 마찬가지로, 사람의 '생존 능력'이기 때문이다. 어린 시절 또래와 노는 경험은 이 능력의 습득을 도우며 훗날 성인이 되었을 때의 생존을 담보해준다. 반면 어린 시절 또래와 노는 경험이 부족하면 사회적 능력을 습득하기 어려워지므로 성인이 된 후 생존이 위태로워진다. 지나친 생각이라고 말하는 사람도 있을지 모르겠다. 하지만 이렇게 질문해보면 어떨까? 아무리 공부를 많이 했더라도 놀이를 박탈당하면서 사회적 능력을 정상적으로 습득하지 못한 아이에게 훗날 원만한 사회생활을 기대할 수 있을까?

Part 1

놀 이 는   생 존   능 력 이 다 ·················

Intro. 놀이가 생존을 좌우하는 이유

간혹 TV 다큐멘터리를 보면 새끼 야생동물이 놀이를 하는 장면
이 등장한다. 이를 조금만 유심히 관찰하면 새끼가 노는 모습이
어미가 사냥하는 모습과 아주 유사함을 알 수 있다. 이는 놀이
가 아무 의미 없는 단순 유희가 아니라 성장 이후 생존에 필요한
사냥 기술을 연마하는 과정임을 의미한다. 만일 새끼 늑대한테
"야! 어리다고 매일 놀기만 할 거야? 오늘부터 놀지 말고 공부나
해"라고 강요한다면 어떻게 될까? 새끼 늑대는 사냥 기술을 습
득하지 못한 채 자라날 테고, 사냥을 못해 굶어 죽을 것이다.
물론 사람은 동물이 아니므로 놀이로 사냥 기술을 연마하지는
않는다. 사회적 존재인 사람은 사냥 기술이 아니라 사회 활동을
통해서 살아남을 수 있다. 따라서 사람은 어렸을 때부터 사회 활
동에 필요한 여러 능력들을 갈고닦아야 한다. 이를 가능하게 해
주는 것이 바로 놀이다. 우리는 어린 시절 놀이를 통해서 훗날
사회적 존재로서 살아갈 능력, 즉 원만하게 사회 활동을 하는 데
필요한 다양한 정신적, 신체적 능력을 습득한다.

예를 들면 우리는 어린 시절 또래들과의 놀이를 통해서 대인 관계 능력을 기르게 된다. 정상적인 대인 관계 능력을 기르는 데 또래와의 놀이가 필수라는 사실은 여러 심리학 연구 결과를 통해서 쉽게 확인할 수 있다. 어느 연구 결과에 따르면 새끼였을 무렵 또래들과 놀 기회가 없었던 원숭이들은 성장한 후 다른 원숭이들과 정상적으로 관계를 맺지 못했다. 가령 이성 원숭이가 접촉을 시도하면 목을 물어뜯어 죽이는 이상행동을 보였다.

물론 사람은 원숭이가 아니므로 어렸을 때 또래와의 놀이 기회를 박탈당했다고 해서 다가오는 이성의 목을 물어뜯지는 않는다. 그러나 놀이 경험이 없을수록 정상적이고 건강한 대인 관계를 맺기 어렵고, 원만한 사회 활동 역시 어려울 가능성이 크다. 군이 연구 결과를 살펴보지 않더라도 누구나 추측할 수 있는 사실이다.

"제 기분이요? 그건 잘 모르겠는데요."

한국 부모들이 흔히 하는 착각 중 아주 위험한 것이 하나 있다. 지식만 풍부하면 사회생활을 잘하리라 믿는 것이다. 자식이 공부를 열심히 해서 일류 대학 졸업장을 따면 모든 것이 일사천리로 풀릴 거라고 기대한다. 한국은 학벌이나 학위 따위를 매우 중시하는 사회이므로 이런 기대가 전적으로 틀렸다고 할 수는 없다. 하지만 부모들이 간과하는 중요한 사실이 있다. 과거와 달리 현재 아이들은 과도하게 놀이를 박탈당한 채 머릿속에 지식만 채우고 있다는 점이다. 다시 말해 오늘날 아이들은 사회적 능력은 거의 발달시키지 못한 상태에서 지식만 잔뜩 받아들이는 기형적 인간으로 성장하고 있다.

어릴 때부터 성적이 뛰어나 명문 중고교와 일류 대학을 졸업한 후 외국에서 학위와 MBA 자격증을 취득한 청년이 있었다. 그야말로 한국 부모들이 바라 마지않는 최고 엘리트 코스를 순탄하게 밟으며 빛나는 스펙을 갖추게 된, 성공과 행복이 보장된 사람이었다. 스펙이 매우 화려했던 만큼 그는 한국에 돌아오자마자 대기업에 입사했다. 그런데 그는 입사한 지 얼마 지나지 않아 직장 상사나 동료들로부터 '바보', '멍청이'라며 놀림받았다. 청년은 심각하게 자존심이 상한 나머지 상담을 받으러 갔고, "최고 엘리트인 나한테 사람들이 어떻게 이럴 수 있느냐"며 하소연했다. 주의 깊게 듣고 있던 상담가는 그에게 놀림받았을 때 기분이 어땠냐고 물었다. 그러자 그는 당황해하며 대답했다.

"제 기분이요? 글쎄요. 그건 잘 모르겠는데요."

이 청년의 문제는 무엇일까? 무엇보다 그는 자기감정을 읽어내지 못했다. 그런 그가 다른 사람들의 감정은 파악할 수 있을까? 당연히 불가능하다. 타인의 감정을 파악하는 능력은 자기감정을 파악하는 능력과 거의 정확하게 비례하기 때문이다.

공감 능력만 살펴보더라도 쉽게 이해할 수 있다. 내가 누군가에게 모욕을 당했을 때 느끼는 감정이 무엇인지 알 수 있어야 모욕을 당한 타인의 감정에도 공감할 수 있다. 타인의 감정을 파악하는 능력이란 기본적으로 자기감정을 파악하는 데에서 비롯된다. 제아무리 스펙이 화려하더라도 자기 마음조차 모르는 사람은 당연히 타인을 제대로 파악할 수 없을 테고 결국 '바보', '멍청이'라는 소리를 듣기 마련이다.

지능과 관계없이 바보가 되는 아이들

공감 능력을 비롯해 여러 감정 능력은 사회성의 중요한 구성 요소이다. 흔히 '바보', '멍청이'라는 소리를 듣는 사람은 지적 능력이 부족하기보다 사회성이 부족한 경우가 많다. 한마디로 지적 수준이 낮은 것이 아니라 눈치가 없는 것이다.

군대에는 간혹 '고문관'이라 낙인찍힌 병사들이 있다. 대체로 분위기 파악을 못하거나 사회성이 떨어지는 경우다. 이를테면 사단장이 부대에 시찰을 나왔다가 돌아가기 전에 병사들을 모아놓고 일장연설을 하는 상황이다. 사단장은 이 자리를 빌어서 하고 싶은 말이 있으면 기탄없이 이야기해보라고 말한다. 누구나 알고 있다. 군대에서 이런 말은 단지 형식적이며 무조건 입다물고 있어야 한다는 것을. 그런데 이때 한 병사가 손을 번쩍 들더니 정말로 기탄없이 모든 것을 이야기한다. 덕분에 사단장이 돌아간 뒤 모든 병사들이 기합을 받는다. 이 병사는 무엇을 잘못한 것일까? 사단장이 한 말을 제대로 이해하지 못한 걸까? 아니다. 그는 사단장의 발언을 정확히 이해했다. 다만 분위기 파악을 하지 못했을 뿐이다.

소통에서도 언어적 단서보다 비언어적 단서를 해석하는 능력이 더 중요하다. 이런 사실을 통해서 사회적 능력의 중요성을 확인할 수 있다. 엄마가 저녁 식사에 늦지 않도록 5시까지 오라고 신신당부를 했는데도 아이는 신나게 놀다가 그만 9시가 넘어서야 집에 들어왔다. 옷과 신발에는 진흙까지 잔뜩 묻힌 채. 밤늦도록 아이가 돌아오지 않아 천국과 지옥을 오가며 걱정하느라 지친 엄마는 아이를 보자 기운 없는 목소리로 말했다. "잘했다, 잘했어."

이때 '잘했다'는 말을 칭찬으로 해석하는 아이는 없다. 엄마의 말뿐만 아니라 표정, 억양, 전후 맥락과 같은 여러 비언어적 단서들까지 포착하고 해석할 수 있기 때문이다. 이렇듯 타인의 속마음을 추측하는 능력은 상대의 발언뿐 아니라 감정, 동기, 사회적 맥락까지 종합하여 고려할 때 발휘된다. 그만큼 대인 관계에서 중요한 역할을 할 수밖에 없다.

종종 천재로 이름을 날리는 아이들이 언론에 소개되곤 한다. 하지만 이들이 성인이 되고 난 후의 이야기는 거의 알려지지 않는다. 정작 성인기에 원만한 삶을 사는 경우가 드물기 때문이다. 만일 지식이 가장 중요한 생존 능력이라면 이들은 성인이 되고 난 후에 더더욱 큰 성공을 누려야 할 것이다. 그러나 실제 영재들은 도리어 평범한 사람보다 힘겹게 성인기를 보내는 경우가 많다. 일찍이 유년기에 옥스퍼드대학교에 진학했던 한 천재 소녀가 있었다. 몇 년 후 영국의 연구자들은 그녀가 인간관계로 고통받다가 매춘부로 전락한 사실을 발견하고 경악을 금치 못했다.

과거의 영재가 훗날 평범한 사람보다 사회생활에 더 어려움을 겪는 이유는 무엇일까? 예전에는 영재를 발견하면 즉시 대학에 입학시키곤 했다. 그런데 자신보다 훨씬 연장자들이 다니는 대학에 입학할 경우 또래와의 관계를 경험할 기회를 놓쳐 대인 관계 능력에 문제가 생길 가능성이 커진다. 자연히 조기 입학한 영재들 가운데 상당수가 사회생활 능력은 물론이고 궁극적으로 지적 발달 과정에서도 결함을 갖는 경우가 늘어난다.

천재 아니라 만재일지라도 언제까지나 혼자 연구실에 틀어박혀 지낼 수는 없다. 적어도 청소년기 이후부터는 사회 속에서 관계를 맺으며 살아야 한다. 영재들을 조기 입학시켰던 결과가 신통치 않았기 때문에 최근에는 영재를 발견하면 대학이 아닌 자기 나이에 맞는 학교를 다니게 하면서 개인 교수를 병행한다. 과거 영재들의 사례가 대인 관계 능력이 뒷받침되지 않는 지식은 생존에 별 도움이 되지 않음을 보여준 셈이다.

대인 관계에 취약한 사이보그형 아이

대인 관계 능력은 전혀 없지만 지식은 사람을 훨씬 능가하는 것을 꼽으라면 컴퓨터나 인터넷을 들 수 있다. 컴퓨터나 인터 넷에는 온갖 지식이 다 있지만 이것들은 절대로 인간처럼 사회활동을 할 수 없다. 마찬가지로 지식은 풍부하지만 대인 관계 능력이 부족한 사람은 사회활동을 원만하게 할 수가 없고 그 결과 사회적으로 생존하기가 힘들다. 안타깝게도 한국사회에 는 이런 사람들이 점점 더 많아지고 있다.

한 초등학교 3학년 아이[11]는 4세 때부터 영재 교육을 받아서 일찌감치 중학교 수준의 지식을 습득했다. 이 아이는 또래들이

---

11 송현숙 외, 《놀이터의 기적》, 2015, 씨앗을 뿌리는 사람, 137쪽

읽지 못하는 영어 원서를 읽고 이해할 수 있었다. 그러나 정작 "책 속에 있는 아이가 왜 슬펐을까? 왜 화가 났을까?"라는 질문에는 대답할 줄을 몰랐다.

지식은 있지만 대인 관계 능력에 문제가 있는 아이, 핵심적으로 말하자면 타인의 마음을 파악하거나 추측하는 능력에 문제가 있는 아이가 점점 늘어나고 있다. 2002년부터 아동상담을 해온 명지대학교 아동심리치료학과 선우현 교수는 이런 아이들을 지적인 수준은 높지만 사회성이나 실행력은 부족한 '사이보그형 아이', '백과사전형 아이'로 정의했다. 당연한 결과겠지만, 그에 따르면 사이보그형 아이, 백과사전형 아이는 정서·행동 장애를 보이는 경우가 많다.[12]

놀이 박탈 세대가 가장 힘들어하는 것

한국의 경우 80년대, 소극적으로 보면 90년대에 출생한 사람들부터 놀이 박탈 세대라고 말할 수 있다. 이들이 성인기에 접어든 시점부터 사회 곳곳에서 부쩍 '젊은 세대가 대인 관계에 서툴다'는 불평 섞인 말들이 들려오기 시작했다. 놀이 박탈 세

---

12 송현숙 외, 《놀이터의 기적》, 2015, 씨앗을 뿌리는 사람, 138쪽

대가 대인 관계에 상당히 취약하다는 것은 대학가에서 연애 특강이 인기를 끌고 각종 중매업체가 성업 중이라는 것, 그리고 이혼율이 50%에 육박하는 것을 통해서도 짐작할 수 있다.

직장에 적응하지 못하고 퇴사나 이직을 반복하는 젊은이들의 비율도 계속 증가 추세에 있는데, 그 주요 원인 가운데 하나로 대인 관계에서의 어려움이 지목되고 있다. 아동 청소년, 청년들을 상담하는 전문가들 역시 이들이 가장 힘들어하고 고민하는 문제가 대인 관계임을 지속적으로 보고한다. 이처럼 놀이 박탈 세대는 단지 어렸을 때만이 아니라 성인이 되어서까지 대인 관계로 인해 사회활동에 상당한 어려움을 겪고 있는 실정이다. 놀이 박탈이 대인 관계 능력을 기본으로 하는 사회성 습득에 심각한 장애를 초래한다는 증거가 속속들이 등장하는 셈이다.

인간은 타인의 **속마음**을 **추측**하는 능력을 어떻게 **터득**하는가

놀이, 특히 어린 시절의 놀이가 사회성[13] 발달에 중요한 역할을 한다는 사실은 여러 연구에 의해 확인되고 있다. 앞서 이야기했듯 사회적 능력 가운데 가장 중요한 하나는 타인의 속마음을 추측하는 능력이다. 사람은 누구나 일상적으로 타인의 속마음을 추측하면서 살아간다. 상대방이 굳이 속마음을 정확히 표현하지 않는다 하더라도 이를 추측할 수 있다면 당연히 대인 관계에 도움이 된다.

반면 속마음을 추측하는 능력에 문제가 있으면 적절하게 반

---

13 여기에서는 사회성을 대인 관계 능력을 포함하는 전반적인 사회적 능력 혹은 속성이라는 포괄적인 의미로 사용한다.

응하지 못할 가능성이 높다. 정상적인 성인들의 경우, 대부분 타인의 속마음을 추측하는 능력을 어느 정도 갖췄다고 할 수 있다. 어린 시절 정상적인 발달 과정을 통과하면 누구나 만 7세 무렵부터 심리학자들이 이른바 '마음의 이론theory of mind'이라고 부르는, 타인의 속마음을 추측하는 자기 나름의 이론을 정립할 수 있기 때문이다.

그러나 만 3세 이하 아이들은 상대방이 자기와 다른 신념을 가질 수 있다는 사실을 잘 이해하지 못한다. 쉽게 말해 다른 아이들의 속마음도 다 자기와 똑같을 거라고 믿기 때문에 상대의 속마음을 올바로 추측할 수 없다. 가령 사과를 좋아하는 아이는 다른 아이가 싫다며 거절하는데도 계속 사과를 권한다. 그래도 싫다고 짜증을 내면 '왜 저러지?'라고 생각하며 어리둥절해한다.

이 시기 아이들의 자기중심적인 행동은 자기가 사과를 좋아하면 남들도 다 그럴 것이라고 믿는 데서 자연스럽게 생겨난다. 만 3~4세 무렵이 되어야 상대방이 나와는 다른 신념을 가질 수 있다는 것을 깨우치기 시작한다. 만 7세 정도가 되면 마음의 이론을 획득하고 상대방의 속마음을 상당히 정확하게 추측할 수 있게 된다. 아이들은 바로 이 시기를 넘어서면서 원만한 대인 관계 능력을 갖춘다고 말할 수 있다.

마음의 이론, 즉 타인의 속마음을 추측하는 능력을 획득하는 데 어린 시절의 대인 관계 경험이 결정적인 역할을 한다. 또래와의 놀이가 마음의 이론 획득에서 핵심인 것이다. 예를 들어 아이들은 또래와 노는 과정에서 슬픔, 화, 미움, 질투, 좌절 등의 다양한 감정을 체험하고 표현하며 이를 바탕으로 상대의 감정이나 상황을 이해하는 공감 능력을 발달시킨다.

갈등을 겪어보고 해결해본 경험이 중요하다

사회직 능력에서 중요한 또 한 가지는 갈등 해결 능력이다. 갈등 해결 능력을 높이려면 무엇보다 갈등을 두려워해서는 안 되고, 얼마든지 해결할 수 있다는 자신감과 실질적인 해결 과정에 필요한 여러 기술이 있어야 한다.

아이들이 또래들과 놀이를 하다 보면 으레 이런저런 갈등을 겪기 마련이다. 그런데 아이들은 어른들에 비해 오히려 여러 갈등 상황을 더 잘 해결하는 편이다. 어깨동무라는 말이 괜히 있는 것이 아니듯이, 무엇보다 아이들이 동일한 목적을 가진 일종의 '동지同志'라는 사정 때문이다. 어른들의 심리나 상황은 꽤 복잡다단한데 반해 아이들은 비교적 순수하고 단순하다. 더구나 놀이 친구들과 '내일도 같이 놀아야 한다'는 동일한 목적을 공유하고 있기 때문에 어른들보다 더 적극적으로 문제를 해결하고자 한다.

아이들은 또래와의 놀이 속에서 빈번하게 갈등을 경험하지만 나름대로 이를 해결하고, 놀이 친구들과의 관계를 발전시킨다. 이런 경험이 있는 아이는 자연스럽게 '인간관계에서 갈등은 반드시 생기기 마련'이라는 사실을 배운다. 갈등을 당연시하고 두려워하지 않게 되는 것이다. 반복적으로 갈등을 해결해본 아이는 '나는 갈등을 해결할 수 있다'거나 '나에게는 갈등을 해결할 능력이 있다'는 자신감과 아울러 해결 기술까지 습득하게 된다. 이와 달리 또래와의 놀이를 박탈당한 아이, 대인 관계 경험이 부족한 아이는 갈등 상황 자체를 두려워하기 쉽다. 무엇보다 갈등 상황을 겪어본 적이 거의 없기 때문이다. 자연히 문제 상황에서 자신감을 갖기도 어렵다.

또래와의 놀이 경험이 부족한 아이는 성인이 되어서도 갈등을 과도하게 두려워하거나 회피하는 방식을 취할 위험이 있다. 명문대를 졸업하고 좋은 직장에 취직했지만, 일정한 지위에 오른 후에는 도무지 승진이 되지 않는 사람이 있었다. 그는 자신이 승진하지 못하는 이유를 잘 알고 있었다. 부하 직원들이 갈등을 겪으면 상황을 해결하는 대신 회피하는 습성이 있었던 것이다. 이 때문에 그는 점차 직장 내에서 리더십이 없다는 비판을 받았다. 이 사람이 갈등 상황 자체를 두려워하고 회피하게 된 데에는 여러 이유가 있을 수 있겠지만, 어렸을 때 또래들과의 놀이 경험이 별로 없다는 사실이 상당히 영향을 미쳤다. 그는 명문대에 진학할 때까지 또래들과 거의 어울리지 않고 혼자서 공부만 하는 생활을 하면서 갈등 상황을 경험해본 적이 거의 없었다.

주로 동기와 감정 같은 타인의 속마음을 살피는 능력과 갈등 해결 능력은 리더십의 주요 덕목이기도 하다. 이것은 또래와의 놀이가 리더십 발달에도 중요한 영향을 미친다는 것을 시사한다. 여러 연구에 의하면 잘 노는 아이들은 친구들로부터 인정받고 리더십을 발휘하며 학교생활에도 무난하게 적응한다. 리더십이 어렸을 때부터 계발되는 능력임을 증명하는 셈이다. 결국 또래와의 놀이를 박탈당한 아이가 리더십 있는 어른으로 성장하길 기대하는 것은 마치 콩을 심어놓고 팥이 자라길 바라는 것과 마찬가지라고 할 수 있다.

인간의 **발달**에는 결정적 **시기**가 있다

사회적 능력은 사람이 사회적 존재로서 성장하는 데 필요한 최소한의 능력이다. 늑대의 사냥 능력과 마찬가지로 사람의 '생존 능력'이기 때문이다. 어린 시절 또래와 노는 경험은 이 능력을 습득하도록 도우며 훗날 성인이 되었을 때 생존을 담보해준다. 반면 어린 시절 또래와 노는 경험이 부족하면 사회적 능력을 습득하기 어려워지므로 성인이 된 후 생존이 위태로워진다. 지나친 생각이라고 말하는 사람도 있을지 모르겠다. 하지만 이렇게 질문해보면 어떨까? 아무리 공부를 많이 했더라도 놀이를 박탈당하면서 사회적 능력을 정상적으로 습득하지 못한 아이에게 훗날 원만한 사회생활을 기대할 수 있을까?

간혹 사교육이 모든 것을 해결할 수 있다고 믿는 부모들이 있다. 이들은 사회적 능력이 부족할 경우 나중에 학원에 보내서 해결하면 되지 않겠냐고 말할지도 모른다. 그러나 사회적 능력을 가르쳐줄 수 있는 학원은 존재할 수 없을 뿐만 아니라 설사 그런 학원들이 존재한다고 해도 이런 능력은 절대 사교육으로 배울 수 없다. 어째서일까?

사회성은 학원에서 배울 수 없다

첫째, 사회적 능력은 말 그대로 지식이 아닌 능력이기 때문이다. 박지성같이 뛰어난 축구 선수가 되고 싶어 하는 아이가 있다고 해보자. 만약 이 아이가 축구에 관한 좋은 책들을 모조리 읽어서 방대한 지식을 습득하면, 박지성처럼 축구를 잘할 수 있을까? 막상 운동장에 나가면 계속 헛발질만 할 것이다. 물론 축구에 대한 지식이 많으면 유리할 수 있다. 하지만 축구를 잘하는 능력은 말 그대로 능력이므로 반드시 경험과 훈련을 필요로 한다. 운전을 직접 해보아야 운전 능력을 획득할 수 있는 것처럼, 능력이란 반복적인 경험과 훈련을 통해서 획득할 수 있다. 단순히 책만 읽어서는 결코 저절로 생기지 않는다.

사회적 능력 역시 마찬가지다. 사회적 능력은 단순 지식 습득이 아니라 사회적 경험과 훈련, 특히 대인 관계 경험과 연습을 반복해야 비로소 습득할 수 있는, 사람에게만 있는 고차원적인 능력이다. 이는 시간을 상당히 투자하여 반복해야 획득할 수 있다. 동물과 달리 사람은 성장하여 독립하기까지 매우 긴 시간이 걸리므로 놀이 기간도 그만큼 길다. 사람에게 장기간 놀이를 하는 단계가 필요한 것은 사회적 능력이 하루 이틀 만에 획득할 수 있는 단순 기술이 아니기 때문이다. 고로 어릴 때 놀이를 박탈하더라도 훗날 학원에서 사회적 능력을 보충할 수 있다는 발상은 과학적 근거가 전혀 없는 망상에 불과하다.

둘째, 배움에도 다 적절한 때가 있는 법이라 놓쳐선 안 되기 때문이다. 심리학자들은 인간의 발달 과정을 연구하는 과정에서 인간 발달에 '결정적 시기critical period'가 있다는 사실을 발견했다. 야생에서 자라났다가 구조되어 소위 늑대 소년이라고 불리던 아이가 있었다. 연구자들이 온갖 노력을 기울였지만 이 소년은 언어 능력을 비롯한 사회적 능력을 습득할 수가 없었다. 미국에서 정신병적인 부모 손에 감금당한 채 자라던 아이들이 아동기 무렵에 겨우 구조된 사건도 있었다. 이 경우 역시 아이들은 정부 기관의 열정적인 노력에도 불구하고 사회적 능력을 정상적으로 습득하지 못했다.

이런 사례들은 배움에도 다 때가 있다는 것, 곧 특정한 능력은 특정한 시기가 지나고 나면 습득하기 불가능하거나 매우 어렵다는 것을 보여준다. 사람에게는 이런 시기 동안 반드시 성취해야 하는 특정한 발달 과제들이 있다. 만일 이 시기를 놓치면 일부 과제들은 영원히 습득할 수 없다. 설사 습득할 수 있다 하더라도 엄청난 시간과 노력이 소요된다.

심리학을 비롯한 여러 분야의 연구들은 사람에게 가장 중요한 사회적 능력을 발달시켜야 하는 결정적 시기가 아동기 이전이라고 강조한다. 아동기 이전에 사회적 능력을 발달시키는 데 실패한다면 이후에 발달시키기란 거의 불가능하다는 것이다. 늑대 소년과 감금당한 아이들 모두 사회적 관계로부터 단절된 채 아동기를 통과했고 그 결과 사회적 능력을 발달시키지 못했다. 그 이후 사회가 물심양면으로 노력을 기울였음에도 불구하고 이 아이들은 끝내 사회적 능력을 습득하는 데 실패했다.

그렇다면 오늘날 한국 아이들은 어떠한가? 타인과 자유롭게, 적극적으로 관계를 맺으면서 성장하고 있는가? 아니면 마치 늑대 소년처럼 관계에서 고립된 채 홀로 외롭게 성장하고 있는가? 물론 한국 아동들의 상황이 늑대 소년이나 감금된 아이들과 똑같다고 볼 수는 없다. 하지만 현재 아이들이 과거였다면 아동기 이전에 충분히 경험했을 다양한 대인 관계나 또래 관계 없이 외롭게 성장하고 있다는 점은 부정할 수 없다. 오늘날 우리 아이들의 성장 환경은 사회적 능력을 정상적으로 발달시킬 만큼 양호하지 못한 것이다.

사회적 능력이 생존 능력으로서 중요하다는 말을 하면 어떤 이들은 이렇게 묻는다.

"그럼 아이들을 어떻게 키워야 할까요? 집에서 어떤 교육을 해야 하나요?"

과거에도 그랬고 지금도 그렇지만, 어린 시절 할아버지와 할머니 혹은 아버지와 어머니로부터 사회적 능력에 관해 과외를 받으면서 자라는 사람은 없다. 그럼에도 과거에는 사회적 능력을 정상적으로 기를 수 있었다. 어째서였을까? 세대별로 상대적인 차이는 있지만, 그래도 지금보다 훨씬 더 자유로운 어린 시절을 누릴 수 있었기 때문이다. 내 아이가 사회적 능력을 정상적으로 키우길 원하는가? 해결 방법은 간단하다. 아이들에게 친구들과 마음껏 놀 자유를 주면 된다.

Part 2

놀이는 자유다 ·····························

Intro. 사람에게 가장 중요한 것은 자유다

사람에게 가장 중요한 욕구 가운데 하나는 '자유'다. 이에 대해
반대하는 사람은 많지 않을 것이다. 자유란 소극적으로는 구속
이나 속박을 받지 않는 '~으로부터의 자유freedom from'를 의미하
고, 적극적으로는 자신이 원하는 것을 원만하게 실현할 수 있는
'~을 할 수 있는 자유freedom to'를 의미한다. 나는 다른 저서《새
로 쓴 심리학》에서 이 두 가지 자유를 모두 포함하는 개념으로
서 '통제 욕구'를 제안한 바 있다. 통제 욕구란 한마디로 자기 삶
의 주인이 되려는 마음이다. 자유는 삶의 주인인 나에게 없어서
는 안 되는 것이므로, 가장 중요한 인간 본성이라고 할 수 있다.
동서고금을 막론하고 사회는 죄를 지은 사람을 감옥에 가두고
그의 자유를 제한했다. 모든 사회가 자유의 제한을 기본적인 처
벌 수단으로 사용했다는 사실은 사람에게 자유가 기본적 권리
임을 증명한다. 사람은 설사 밥을 굶는 한이 있더라도 자유를 박
탈당하는 노예가 되기를 원치 않는다. 비유하자면 배부르게 먹
을 수는 있지만 평생 쇠사슬에 묶여 살아야 하는 부잣집 개가 아

니라, 광야를 마음껏 뛰어다닐 수 있는 굶주린 늑대가 되기를 바라는 존재가 바로 사람이다.

사람이라면 누구나 자유를 절실히 원한다. 고대 노예제 사회에서는 노예의 처지에서 벗어나기 위해, 중세 봉건제 사회에서는 신분제의 굴레에서 벗어나기 위해, 자본주의 사회에서는 임금 노예의 신세에서 벗어나기 위해 줄기차게 싸웠다. 한국 근대사만 보더라도 알 수 있다. 우리 민족은 일본의 식민 통치에서 벗어나기 위해 독립 운동을 치열하게 전개하지 않았던가.

자기 힘으로 세상을 살아갈 수 있다는
믿음은 어디서 올까?

자유가 절대적으로 중요한 만큼 이를 빼앗기면 엄청난 고통을 겪게 된다. 이는 사람에게 가장 기본적인 욕구를 박탈하는 동시에 인간 본성의 실현을 좌절시킨다. 자유를 장기간 박탈당하면 정신은 필연적으로 병들기 마련이다. 대표적으로 나타나는 감정적 증상이 바로 무력감이다. 사람뿐 아니라 동물도 자기 마음대로 행동할 수 없다는 사실을 알면 무력감을 느낀다. 이를 잘 보여주는 연구 가운데 하나가 심리학자 마틴 셀리그만의 소위 '학습된 무력감'에 관한 실험이다.

자유를 뺏기면 무력해진다

이 실험에서 셀리그만은 개들을 두 집단으로 나누어 서로 다른 우리에 가둔 후 전기 충격을 가했다. A집단의 개들은 전기 충격을 받을 때 막대기를 눌러서 이를 멈추게 할 수 있었지만, B집단의 개들에게는 전기 충격을 멈추는 자유가 허용되지 않았다. 다시 말해 B집단의 우리에는 전기 충격을 멈추는 막대기가 없었다. 다만 A집단의 개들이 막대기를 눌러서 전기 충격을 멈추면 B집단의 개들에게 가해지는 충격도 멈췄다. 따라서 두 집단의 개들은 완전히 동일한 빈도와 강도의 전기 충격을 경험했다.

그런데 이후 두 집단의 개들을 중간에 장애물이 있는 하나의 우리 안으로 옮기고 전기 충격을 가하자, 각 집단은 전혀 다른 반응을 보였다. 실험 결과, A집단의 개들은 어렵지 않게 장애물을 뛰어넘는 것을 배워 전기 충격을 피했다. 반면 B집단의 개들은 잠깐 으르렁대더니 금방 모든 것을 포기했다. 장애물을 뛰어넘을 시도조차 하지 않은 채 쭈그려 앉아서 고스란히 충격을 받은 것이다.

개들도 자유를 뺏기면 무력해진다는 걸 보여주는 결과다. 그렇다면 사람은 어떨까? 독재적이고 폭력적인 남편 때문에 오랫동안 자기 의지 없이 살았던 아내는 그런 상황에서 벗어날 기회가 생겨도 좀처럼 결단을 내리지 못한다. 장기간 자유를 빼앗긴 채 살면서 무력감이 심해진 결과 자기 스스로의 힘으로 세상을 살아갈 수 있을 거라고 믿지 못하게 된 탓이다.

이것이 오랜 세월 노비나 소작인으로 지내다가 신분제에서 풀려난 이들이 이전 상태로 남아있게 해달라며 도리어 주인에게 매달리는 경우와 무엇이 다를까. 그런데 지금 우리가 아이들을 이런 기이한 상황으로 몰고 가는 것은 아닌가. 아이들에게 무력감을 학습시키고 있는 것은 아닌가.

아이들은 **놀 때** 가장 **행복**하다

아이들에게 자유란 무엇을 의미할까? 궁금하다면 아이들에게 자유 시간을 줘보는 건 어떨까? 자유 시간이 허락될 때 아이들은 당연히 학원이나 학습지가 아닌 놀이를 선택한다. 놀이는 어린 시절 정상적인 발달 과정에서 빠질 수 없는 요소이므로 놀이를 선택하는 것은 지극히 자연스러운 반응이다. 말문이 트인 아이가 엄마에게 "엄마! 한국은 강한 사람만 살아남는 사회이니까 제발 저한테 사교육을 시켜주세요"라고 부탁하는 일 따위는 절대 있을 수 없다.

사람이 어린 시절 반드시 누려야 할 자유란 곧 놀이의 자유를 의미한다. 아이들에게 자유를 준다는 것은 마음껏 놀 수 있도록 보장하는 것이다. 한 설문 조사에서 아이들에게 '나에게 놀이란 무엇일까?'라는 질문을 던졌다. 이때 아이들 대부분이 '자유'[14]라고 답한 결과가 이를 가장 확실하게 보여주고 있다.

자유는 행복이고 자유의 박탈은 불행이다. 아이들은 자유의 사에 따라 놀이를 선택하고, 육체적, 정신적으로 놀이에 몰입하며 그 과정에서 기쁨과 행복 같은 감정을 체험한다. 아이들은 놀 때 가장 즐거워한다. 외국처럼 수업 중간에 놀이 시간을 도입했던 일부 초등학교 학부모들의 경우 처음에는 상당히 우려했지만, 결과적으로는 놀이 시간을 긍정적으로 평가했다. 이유가 무엇이었을까? 학교에 가는 것을 즐거워하는 아이의 얼굴을 직접 보았기 때문이다. 약간의 자유 시간을 누리는 것만으로도 아이들의 행복감은 상당히 높아진다.

"몰라요"만 반복하는 아이들

거듭 말했듯이 놀이를 빼앗는 것은 곧 자유를 빼앗는 것과 같다. 자유의 박탈은 인간 본성의 실현을 방해하는 반인도주의적 행위이고, 인류는 이를 명백한 인권 유린 행위로 간주해왔다. 이런 맥락에서 봤을 때 최근 한국사회는 지속적으로 아이

---

[14] 송현숙 외, 《놀이터의 기적》, 2015, 씨앗을 뿌리는 사람, 105쪽

들의 인권을 유린해왔다고도 말할 수 있지 않을까. 아이들에게서 자유를 빼앗는 인권 유린 행위는 무력감이 만연하는 현상으로 귀결되었다. 요즈음 아동 청소년들에게서 나타나는 가장 큰 문제는 단연 무력감 혹은 무기력감이다. 날이 갈수록 무력해지고 있는 아이들로 인해 상담실이 북적거리며, 부모들 역시 골머리를 앓는다. 지인은 무기력한 아들을 두고 아버지로서 극단적인 말을 한 적도 있다.

"우리 애가 차라리 범죄자라도 됐으면 좋겠어요. 범죄자는 뭘 하겠다는 의지나 목표라도 있잖아요? 꿈은 고사하고 좋아하는 것도, 하고 싶은 것도 하나 없이 하루 종일 방에서 뒹굴거리는 모습을 보면 속이 터져요."

우리 사회에서 이와 유사한 사례가 가파르게 증가하는 추세이다. 우리 아이들이 가장 많이 하는 대답이 무엇인지 아는가. "몰라요"이다. 좋아하는 것이 무엇인지, 하고 싶은 것이 무엇인지, 앞으로 어떤 사람이 되고 싶은지, 우리 사회에 대해 어떻게 생각하는지 물어도 대답은 한결같다. 무력감이 심한 아이들은 결단을 잘 내리지 못하며, 행여 마음속으로 결단을 내리더라도 입밖으로 표현하지 못한다. 그래서일까? 최근에는 '선택장애'라는 말까지 유행하고 있다.

하향 평준화된 아이들의 꿈

한국 아이들이 무력감의 피해자가 되어가고 있다. 아이들의 꿈만 보더라도 알 수 있다. 초등학생들에게 장래 희망을 물어 보면 대답은 대략 세 가지로 집약된다. 바로 공무원, 교사, 연예인이다. 이 중에서 연예인은 나름대로 끼가 있는 소수 아이들의 희망 사항이므로, 초등학생 대부분이 공무원과 교사를 희망하는 셈이다.

그런데 이 아이들이 공무원이나 교사라는 직업을 정말로 좋아해서 바라는 것일까? 안타깝지만 이는 이런 심리에서 비롯된 현상이라 할 수 있다. '큰돈은 바라지도 않는다. 적은 월급이나마 꾸준히 받는 직업이면 족하다', '높은 직위는 바라지도 않는다. 잘리지 않고 오래 버틸 수 있는 직업이면 족하다', '목돈은

바라지도 않는다. 늙어서 굶지 않을 정도의 연금이면 된다.'

어른들의 걱정이 전염이라도 된 것일까? 오늘날 우리 아이들은 심각할 정도로 무기력해졌다. 아이들의 꿈 역시 '생존'의 수준으로 하향 평준화되었다. 한국 아이들이 오직 살아남기만 바라게 되었다는 사실은 역설적으로 '어린이 여러분, 과학자를 꿈꿔주세요'라는 공익 광고가 등장한 현실만 보더라도 알 수 있다. 아이가 과학자나 예술가가 되겠다고 하면 '굶어 죽기 딱 좋다'며 면박당하는 시절이니 더 이상 무슨 말을 할까.

초등학생 장래 희망 1위가 대통령이던 시절도 있었다. 물론 옛날 어린이들이 모두 과대망상증 환자여서 대통령을 꿈꿨던 것은 아니다. 당시 아이들은 요즘과 달리 어른이 되고 난 후의 사회생활에 대해 별로 두려워하지 않았고, 미래를 지나칠 정도로 낙관했을 뿐이다. 어릴 때 꿈을 크게 가지는 것은 지극히 당연하고 긍정적인 현상이다.

도전이나 모험을 선택하지 않는 사회

한국에서 용감하고 창의적인 도전이나 모험을 선택하려는 아이들이 점점 줄어들고 있다. 이야말로 장차 한국사회의 발전을 저해하는 심각한 장해물이 될 가능성이 높다. 한국은 우수한 인력에 의거해 성장했고 앞으로도 그럴 수밖에 없다. 그런데 무력감에 사로잡혀 공무원과 교사를 꿈꾸는 오늘날의 아이들이 과연 우수한 인적 자원으로 자라날 수 있을까? 신자유주의가 본격적으로 밀려들기 시작했던 90년대를 떠올려보자. 그 시절만 해도 야망은 젊은이들의 특권이었다. 이들은 열심히 노력하거나 창의적인 아이디어가 있으면 찬란한 미래, 질 높은 삶이 가능할 거라고 믿었다.

하지만 사회 양극화와 청년 실업은 날이 갈수록 심각해졌고 이들은 희망과 달리 대부분 '하우스푸어'로 전락했다. 이후의 청년들은 제아무리 멋진 야망을 품는다 하더라도 현실에서 실현하기란 불가능하다는 사실을 깨닫고, 안전과 생존을 선택하기 시작했다. 부모와 아이, 청년 모두가 공무원과 교사를 희망하면서 갑자기 최고 인기 직종으로 떠올랐다.

그러나 많은 이들이 공무원, 교사를 지망할수록 공무원, 교사가 되기는 점점 더 어려워졌다. 더욱이 공공 부문의 민영화, 출산율 저하 등으로 수요는 오히려 줄어들 가능성이 높다. 결국 한국의 젊은 세대는 다시금 깨닫게 될 것이다. 공무원과 교사 역시 하늘의 별 따기처럼 어려운 꿈이라는 것을. 그렇다면 이 악순환의 끝에는 무엇이 있을까? 아마 그리 멀지 않은 시점에 젊은이들은 모든 꿈을 포기하는 세대로 전락할지도 모른다.

자유를 빼앗긴 아이들이 자라는 사회는 궁극적으로 성장할 힘을 잃어버리는 무서운 결과를 맞이할 것이다. 우리 부모들이 '아이들한테 놀 시간 좀 뺏는다고 큰일 나겠어?'라는 무지하고 안일한 발상에서 하루빨리 벗어나야 하는 이유이다. 놀이의 박탈은 단지 아이의 어린 시절을 힘들게 하는 걸로 그치지 않는다. 우리 모두의 미래를 위협한다.

Part 3

놀 이 는   정 신   건 강 이 다 ·················

Intro. 놀이와 사회적 욕구 충족의 관계

생물학적 욕구들이 좌절되면 몸에 병이 생기지만 사회적 욕구
가 좌절되면 마음에 병이 생긴다. 사회적 욕구들을 원만히 충족
하면 정신 건강이 향상되는 반면, 결핍이 생기면 악화되는 것이
다. 예를 들어 어린 시절 사랑의 욕구가 원만히 실현되면 마음이
건강하게 성장하지만, 반복적으로 거부당하는 경험을 할 경우
애정 결핍으로 인해 마음의 병을 앓게 되는 것과 같다.

그렇다면 놀이는 정신 건강에 어떤 영향을 미칠까? 이것은 놀이
가 사회적 욕구의 충족과 얼마나 관련되는지에 달려있다. 만일
놀이가 사회적 욕구 충족에 꼭 필요하다면 마음껏 놀면서 자라
난 아이의 정신 건강은 양호할 것이다. 반대로 놀이가 사회적 욕
구 충족과 별 관련이 없다면 마음껏 놀았든 그렇지 못했든 정신
건강에는 크게 차이가 없을 것이다.

놀이는 무엇보다 자기의 삶을 스스로 선택하고 통제하려는 자유
욕구 혹은 통제 욕구를 충족한다. 또한 사회성을 키우기 위한 발
달과 성장의 욕구, 친구와 사랑을 주고받으려는 사랑의 욕구, 타

인과 관계를 맺고 공동체에 소속되려는 소속감에 대한 욕구, 창의성과 같은 자신의 잠재력을 계발하려는 자아실현의 욕구 등을 충족하는 데 큰 역할을 한다. 바꿔 말하면, 놀이를 빼앗기는 순간 무수한 사회적 욕구들 역시 충족되지 못한다는 뜻이다.

전국에서 가장 **정신 건강**이 나쁜
강남 아이들

놀이가 정신 건강에 미치는 영향을 알아보기 위해서 굳이 외국의 사례까지 찾아볼 필요는 없을 것 같다. 우리나라 강남 지역만 봐도 이 문제에 대한 정보를 충분히 얻을 수 있다. 서울 강남 지역 학부모들의 비뚤어진 교육열은 세계 최고라고 해도 과언이 아닐 것이다. 한때 강남 엄마들 사이에서 '공부방'이라는 상품이 인기를 끌었다. 이 공부방이란 겉으로 보면 옷장처럼 생긴 것으로, 책상과 의자 정도만 겨우 들어갈 정도로 작은 칸막이 방이다. 다만 밖에서 문을 잠글 수 있다는 점에서 일종의 가정용 감옥과 같다. 한마디로 공부를 시키기 위해서 아이를 가두는 장치인 셈이다.

이런 공부방이 강남 지역에서 상당히 팔렸다는 사실을 통해서 짐작할 수 있겠지만, 강남 지역의 아이들 대다수가 어릴 때부터 놀이는 멀리하는 한편 공부에서 벗어나지 못하는 몹시 고단한 생활을 하고 있다. 그 결과는 서울 강남 지역의 소아정신 질환 발병률이 전국 최고라는 데서 단적으로 드러난다. 전국 최고 수준의 놀이 박탈과 학업의 강요가 정신 건강의 황폐화를 야기하는 것이다.

학원 옆에 나란히 있는 소아정신과

최근 한 TV 프로그램에서 강남 지역을 취재하면서 학원 옆에 소아정신과 병원이 나란히 붙어있는 기묘한 모습을 보여주었다. 강남 지역에서 학원 바로 옆에 병원이 있는 경우가 많은 까닭은 이렇다. 어릴 때부터 공부를 강요당하면서 아이들의 사회적 욕구가 반복적으로 좌절당하고 정신 건강에 문제가 생긴다. 정신 건강이 악화되면 당연히 공부에도 지장이 생기므로 부모들은 아이들을 소아정신과 병원에 보낸다. 정신과 진료가 끝난 후에는 한시라도 빨리 학원에 가야 하므로 병원이 학원에서 멀리 있으면 곤란하다. 그러다 보니 자연스럽게 학원 옆에 소아정신과 병원이 자리를 잡게 되었다.

강남 지역 아이들은 정신과 약을 먹어가면서 악착같이 공부하고 비싼 사교육까지 받는다. 결국 그중 상당수가 일류 대학에 진학하고 소위 출세도 할 것이다. 그런데 과연 이것이 우리 사회에는 독이 될까, 약이 될까?

어린 시절부터 전국에서 가장 정신 건강이 나빴던 아이들, 전국에서 가장 불행했을 가능성이 높은 강남 아이들은 중고등학교 시절도 공부 기계처럼 살아간다. 대학에 가서도 학점과 스펙을 관리하기 위해 쉴 틈 없이 공부에만 매진한다. 청년기까지 이어지는 이런 삶 속에서 이들의 정신 건강은 점점 더 악화되고, 점점 더 불행해질 것이다. 마침내 강남 아이들이 출세하게 되었을 때, 이들의 정신 건강은 어떤 상황일까? 출세라는 목표를 이루면 정신 건강의 문제들을 해결할 수 있을까? 답은 '아니다'이다.

아이들이 **게임**이나 **스마트폰 중독**에 빠져드는 이유

놀이라고 하면 고무줄놀이나 카드놀이처럼 규칙이나 도구를 이용한 행위를 연상할지도 모르겠다. 하지만 원칙적으로 자신이 원해서 즐겁게 몰입하는 모든 행위를 다 놀이라고 말할 수 있다. 예를 들어 부모를 도와서 농사를 짓거나 설거지를 하더라도 아이의 자발적인 선택에 의한 행위이고, 그 결과 즐거운 몰입이 가능하다면 기꺼이 놀이로 분류할 수 있다.

아이에게 자기 삶을 스스로 선택할 자유가 허락되면 모든 것이 놀이가 될 수 있다. 어린 시절의 발달 단계 역시 균형 있게 통과할 수 있을 것이다. 그 반대일 경우 아이에게는 단지 공부만이 아니라 삶 자체가 고역이 될 수 있다. 놀이를 즐기지 못하는 아이는 어디서 위안을 찾게 될까? 현실에서 즐거움을 찾지 못하는 순간부터 아이는 인터넷이나 게임의 세계로 도피할 위험이 있다. 이에 대해 좀 더 살펴보자. 미래창조과학부가 2012년 실시한 인터넷 중독 실태 조사에 의하면 5~9세 아동의 인터넷 중독률은 7.3%로 20~49세 성인의 중독률 6.0%보다 높았으며, 10~19세 청소년의 중독률인 10.7%에 육박했다. 미취학 유아의 인터넷 중독률 또한 4.3%로 점점 증가하는 추세에 있다.

가짜 세상에서 맛보는 자유

사람이 중독에 빠지는 이유는 아주 단순하게 설명할 수 있다. 현실에서 중독 대상을 뛰어넘는 즐거움을 찾을 수 없기 때문이다. 삶이 즐겁지 않은 사람, 삶이 힘겨운 사람은 현실에서 좀처럼 기쁨을 발견하지 못한다. 이런 사람이 우연히 게임, 술, 도박 등을 접하고 이로부터 강렬한 쾌감을 체험하면 현실이 버거운 정도에 비례하여 중독에 깊숙이 빠져들게 된다.

아이들의 인터넷, 게임, 스마트폰 중독도 이와 마찬가지 양상을 따른다. 요즘 아이들은 마음껏 놀고 싶어도 그럴 수가 없다. 놀 수 있는 시간이란 겨우 학원 버스를 기다리는 시간, 버스를 타고 이동하는 시간, 공부하는 중간중간 10~20분씩 나는 자투리 시간뿐이다. 이 자투리 시간에 갑자기 친구들이 눈앞에 나타날 리도 없고, 마땅히 놀만한 거리도 없다. 이때 가장 쉽게 일상의 고단함과 지루함을 달래주는 것이 바로 인터넷, 게임, 스마트폰이다.

현실에서 아이들은 아주 사소한 것들을 제외하고는 자기 인생을 원하는 대로 이끌고 갈 수가 없다. 학원에 가기 싫어도 가야 하고, 공부하기 싫어도 해야 하며, 출세가 뭔지도 모르면서 어른들이 심어준 목표에 따라 성공하는 삶을 꿈꿔야 한다. 그러나 인터넷이나 스마트폰 게임 속에서는 무엇이든 마음대로 할 수 있다. 그 속에서는 내 인생을 내 마음대로 할 수 있는 것이다. 이렇게 아이들은 가짜 세상에서 잠시나마 자유를 맛보고, 차라리 현실이 아닌 가상공간에 머물기를 원한다.

아이들이 각종 중독에서 해방되려면 현실의 삶이 재미있고 즐거워야 한다. 완벽하지는 않더라도 즐거운 일상을 누릴 수 있다면, 언제라도 친구들과 만나서 신나게 놀 수 있다면 아이들은 각종 중독에서 스스로 빠져나올 것이다.

Part 4

놀 이 는   성 장 이 다 ·······················

Intro. 인간의 발달 과정에서 놀이가 미치는 영향

나무는 혼자서도 알아서 잘 크는 것처럼 보인다. 하지만 나무가 쑥쑥 자라기 위해서는 좋은 환경이 반드시 필요하다. 기름진 토양과 따뜻한 햇볕, 적당한 수분 등이 있어야 한다. 좋은 환경이 제공되지 않으면 나무는 비정상적으로 자라거나 죽을 수도 있다. 이는 생명체의 발달이 환경과의 끊임없는 상호작용으로 이뤄지며, 발달에 유리한 환경이 매우 중요하다는 것을 의미한다.

사람이 성장하는 것도 나무와 같다. 환경과 끊임없이 상호작용하면서 자라나기 때문에 발달에 유리한 환경이 제공되느냐 아니냐가 성장 과정을 좌우한다. 그렇다면 어린 시절 마음껏 놀 수 있는 환경은 성장에 어떤 영향을 미칠까?

여러 연구에 의하면 놀이는 발달에 아주 긍정적인 영향을 미친다. 특히 앞서 언급했듯 정서 발달을 포함하여 여러 측면의 사회성 발달에 결정적이라고 할 수 있다. 우리 아이들이 키 큰 나무처럼 성장하는 과정에서 놀이가 영양분 듬뿍 담긴 거름 역할을 하는 것이다.

놀이는 성장의 원동력이다. 이어지는 장에서는 놀이가 성장 과정의 어느 단계에서 어떤 역할을 하는지, 이때 주변에서 어떻게 도움을 주어야 하는지를 구체적으로 살펴보도록 하겠다.

놀이를 못 하면 **머리도** 나빠진다

앞서 놀이는 자기 조절 능력, 스트레스 대처 능력, 문제 해결 능력 등 사회적 능력을 키우는 데 긍정적으로 영향을 미친다고 이야기했다. 아이들은 놀이를 통해 신체와 감정을 조절하는 훈련을 한다. 또한 이기고 지거나 충돌하는 등 여러 경험을 쌓으면서 스트레스에 대처하는 내성을 강화하며, 창의적으로 문제를 해결하는 능력을 키워나간다.

놀이는 지적 발달에도 긍정적인 영향을 미친다. 놀이 대부분이 상당한 수준의 지적 능력을 요구하기 마련이다. 아이들은 놀이를 진행하면서 이 과정에서 필요한 융통성이나 독창성 등의 다양한 사고 능력을 키우게 된다.

일부 부모들은 이렇게 우려하기도 한다. 놀다 보면 공부 시간이 줄어드니 아이의 지적 수준이 저하되는 것 아니냐고 말이다. 그러나 요즘 아이들이 하는 공부가 단순한 지식 주입이 아닌 진정한 지적 발달과 관련이 있는가라는 문제는 차치하더라도, 지적 발달이란 다른 영역의 발달이 정상적으로 이루어질 때 비로소 가능함을 강조하고 싶다. 정서 발달 등을 포함해 사회성 발달이 정상적으로 이루어지지 않으면 지적 발달도 제대로 이뤄지기 어렵다.

대학원생이 되어도 사교육을 찾는다?

우울증의 주요 증상 가운데 하나는 사고 능력의 저하인데, 이는 감정, 심리 상태가 사고 능력에 상당한 영향을 미친다는 것을 의미한다. 쉽게 말해 기분이 우울하거나 불안하면 머리가 잘 돌아가지 않고 궁극적으로 사고 능력, 지적 능력이 저하된다.

기분이 좋지 않은 상태에서 공부가 잘될 리 없고, 그런 공부가 즐거울 리 없다. 따라서 억지로 하는 공부는 그 자체가 스트레스인 동시에 자발적으로 하는 공부, 좋아서 하는 공부에 비해 몇 배 이상이나 힘들다. 놀지 못하고 공부만 하는 아이일수록 부모의 기대와는 달리 지적 능력이나 사고 능력이 그다지 뛰어나지 않은 사람이 될 가능성이 크다는 것이다.

물론 한국의 경우 비정상적인 입시 제도 덕분에 어린 시절 공부만 하더라도 일류 대학에 진학할 수 있다. 하지만 그런 사람을 정말 우수한 인재라고 할 수 있을까? 일례로 대학 교수들은 요즈음 대학원생들이 학업을 따라오기 힘들면 교수에게 '사교육 받을 곳'을 소개해달라고 찾아온다며 한탄한다. 대학원까지 진학했으면 이미 학자의 길을 걷고 있는 셈인데, 스스로 상황을 개선하려 애쓰기보다 일단 사교육부터 찾는 것이다.

이런 사례들은 한국에서 어린 시절부터 시작되는 무지막지한 사교육이 지적이고 창의적인 인재 양성과 상당히 거리가 멀다는 것을 보여준다. 아울러 한국 학생들이 고등학교 때는 세계 학력 평가 대회에서 상위권을 휩쓸면서 대학 이후부터는 세계 수준에서 점점 떨어지는 현상은 무엇을 의미할까? 과도한 교육열이 단순 지식 암기에는 도움이 될지 몰라도 진정한 지적 발달에는 오히려 역효과라는 사실을 시사하는 것이다.

에릭슨의 **인간 발달 단계**가 **경고**하는 것

놀이의 박탈이 발달과 성장에 악영향을 미친다는 것은 심리학자 에릭 에릭슨의 발달 이론을 간단히 살펴봐도 짐작할 수 있다. 에릭슨은 사람이 생애 초기부터 사망하는 순간까지 각 발달 단계에서 중요한 심리사회적 과제들을 달성해야 한다고 주장했다. 만일 각 단계에서 요구되는 발달 과제를 원만하게 달성하지 못하면, 심리적 상처 혹은 정신적 결함을 갖게 된다. 다음은 에릭슨의 발달 이론을 요약한 표이다.

에릭슨의 인간 발달 단계		
나이(만)	발달 과제	심리사회적 위기
영아 초기 (0~1.5세)	어머니에 대한 신뢰(이후 타인, 세상에 대한 신뢰의 원천이 됨)와 애착 형성	신뢰 대 불신
영아 후기 (1.5~3세)	자신과 환경에 대한 통제력 발달(활발한 탐색, 놀이), 자유 의지감 형성	자율성 대 수치심 (자기 의혹)
유아기 (3~6세)	목적과 방향성을 가지는 활동 주도	주도성 대 죄책감
아동기 (6~11세)	신체적, 사회적 기술의 발달(학교생활) 및 타인, 사회의 인정 획득	근면성 대 열등감
청소년기 (12~14세)	아동기에서 성인기로 가는 과도기 이행	정체감 대 역할 혼미
성인 초기 (15~39세)	사랑과 우정에 기초한 긴밀한 인간관계 형성	친밀감 대 고립(소외)
중년기 (40~60세)	가정, 직업, 사회에서 인생 목표 달성(사회, 후세에 대한 관심 발달), 사회에 기여하는 활동 수행	생산성 대 침체
노년기 (60세 이후)	자기 인생을 되돌아보고 수용	자아통합 대 절망

놀이로 자율성을 배우는 유아기

원칙적으로 말하면 놀이는 전 생애에 걸쳐 발달과 성장에 이런저런 영향을 미친다. 그러나 놀이가 유년기까지 발달에 미치는 영향력은 특히 크다. 여기서는 편의상 영아 후기, 유아기, 아동기의 발달 과제 달성과 놀이의 관계에 대해서 간단히 살펴보기로 한다.

영아 후기(만 1.5~3세)부터 아이는 통상적인 의미에서 본격적으로 놀이를 시작한다. 이 시기의 아이는 육체적으로 자기 신체를 통제하고 자유롭게 사용할 수 있을 정도로 발달하며, 정신적으로 사고력이 부쩍 상승하고 언어 구사 능력이 급격히 발달한다. 그 결과 영아 후기의 아이는 부모에 대한 전적인 의존 상태에서 벗어나서 스스로 뭔가 해보려고 시도하기 시작한다. 가령 엄마가 떠먹여주는 밥을 잘만 받아먹던 아이가 이제는 자기가 숟가락질을 하겠다며 고집을 피우는 것이다. 이 시기 아이의 활동은 그 자체가 놀이라고 할 수 있다.

아이는 이리저리 돌아다니면서 주변 환경을 적극적으로 탐색하며, 그 과정에서 이것저것 발견하고 만지작거리면서 논다. 이런 과정을 통해 영아 후기의 아이가 달성하는 심리사회적 과제는 '자율성'이다. 외부 도움 없이 자기 의지로 해내려고 하는 중요한 특성을 획득하는 것이다. 영아 후기의 아이가 하는 활동은 거의 다 놀이이므로 만일 이 시기에 놀이를 박탈당하면 아이는 당연히 자율성 발달 과제를 달성할 수가 없게 된다. 다행히 아직까지는 이 시기의 아이에게 놀이를 금지하는 한국 부모는 거의 없는 것 같다. 하지만 사교육을 시작하는 연령대가 점점 낮아지는 추세인 만큼 자율성 발달에 어려움을 겪는 아이들이 증가할 가능성도 배제할 수 없다.

유아기(만 3~6세)에 이르러 놀이의 성격은 질적으로 달라진다. 이 시기의 아이는 이전과는 달리 목적과 방향성을 갖고 활동한다. 놀이도 마찬가지다. 영아 후기의 놀이가 무조건 부딪치고 보는 좌충우돌 식에 가깝다면, 유아기의 놀이는 머릿속 설계도에 기초하여 목적의식을 갖고 진행하게 된다. 만들기처럼 머릿속에서 상상한 것을 구체화하거나 역할놀이처럼 어른들을 모방하며 어떤 줄거리나 상황을 현실화하는 놀이를 예로 들 수 있다.

이 시기의 아이들은 특히 어른의 세계를 머릿속에 기억했다가 재현하는 소꿉놀이, 병원놀이와 같은 역할놀이를 부쩍 많이 한다. 어른의 세계를 유심히 관찰하는 데 머무르지 않고 관찰을 통해 획득한 것들을 놀이를 통해 구현함으로써 자기 능력으로 만드는 연습을 하는 것이다. 역할놀이는 성인이 되었을 때 사회생활에 반드시 필요한 능력들을 획득하게 해준다는 점에서 유달리 중요하다. 연세대학교 김명순 교수는 '아이에게 놀이를 빼앗는 것은 세상을 배울 기회를 앗아가는 것'이라고 주장하면서 다음과 같이 말했다.

놀이가 없는 아이들은 자신의 경험을 통해 세상을 배울 기회를 잃어가고 있다. 세탁기를 돌리거나 전화를 받는 소꿉놀이를 해보지 못한 아이는 '나도 어른처럼 세탁기를 돌리고, 전화를 받을 수 있어'라는 유능감을 익힐 기회를 갖지 못한다. 역할놀이도 마찬가지다. 아이들은 역할놀이를 통해 (중략) 작은 세상에서 이뤄지는 언어를 배우고 그게 따른 행동을 배운다.

유아기의 놀이는 본질적으로 머릿속에 설계도를 그리고 이를 적극적인 활동을 통해 실현하는 것이라 할 수 있다. 이 시기에 자유롭게 놀 수 있는 아이는 '주도성'이라는 심리사회적 발달 과제를 무난히 달성하게 된다. 반면 이 시기에 놀이를 박탈당하는 아이는 머릿속에서 그린 설계도를 현실에서 실현할 기회가 없다. 그 결과 아이는 현실을 회피하며 게임이나 공상 속에 빠져들고 심한 경우에 머릿속에 어떤 설계도를 그리려는 시도조차 포기하게 될 수 있다. 주도적으로 무언가 하려는 특성이 발달하지 못할 위험이 커지는 것이다.

학교에서 최초의 사회생활을 시작하는 아동기

유아기에 이어 아동기(만 6~11세)의 아이는 학교에 입학하면서 최초로 사회생활을 시작한다. 이 시기에 달성해야 할 심리사회적 발달 과제는 근면성이다. 학교생활을 하면서 아이는 자연히 자기 자신을 친구들과 비교하고, 그 과정에서 자신이 친구들에 비해 어떤 점이 나은지, 어떤 점이 부족한지를 깨닫는다. 비교를 통해 장점을 깨달은 아이는 이에 기초해 유능감을 발달시킨다. 유능감이란 나에게 있는 능력을 인식하면서 생기는 감정이다. 유능감이 있는 아이는 '나는 능력 있는 유능한 사람'이라는 생각을 품게 된다. 그러나 단점에 주목하는 아이는 열등감을 갖게 된다.

아이의 입장에서 아동기는 그 이전 시기들과 상당히 다르다. 이 시기부터는 '노력'이 필요하기 때문이다. 학교에 입학하기 전까지만 해도 아이는 적어도 부모로부터 전폭적인 사랑과 지지를 받는다. 부모는 설사 자기 자식이 못생겨도 진심으로 예쁘다고 말해줄 수 있고, 아주 똑똑하지 않더라도 진심을 담아 똑똑하다고 칭찬해줄 수 있다. 하지만 학교는 아이에게 이런 무조건적인 사랑과 인정, 지지를 제공하지 않는다. 선생님이나 친구들로부터 인정을 받으려면 노력이 필요하다. 결국 아동기의 아이는 세상으로부터 인정받기 위해서 부지런히 노력하고 그 과정에서 근면성을 획득한다.

이 시기에 놀이가 보장되면 아이들은 자신이 최소한 어느 영역에서 재능이 있다는 사실에 기초해 유능감을 느낀다. 이 과정에서 주변으로부터 우호적인 피드백을 받으면 더욱 의욕이 생기면서 자연스레 근면성이 발달하기 마련이다. 만일 학교 교육이 즐거운 놀이처럼 진행된다면 아이들은 대부분 근면성을 무난히 발달시킬 기회를 얻게 될 것이다. 모든 사람에게는 각자 자기만의 장점과 잠재력이 있다. 이런 장점이나 잠재력은 무엇보다 자유롭고 즐거운 놀이 속에서 꽃피우기 마련이다.

그러나 오늘날 한국의 대다수 초등학교에서는 놀이 시간을 허용하지 않는 것은 물론이고 성적을 유일무이한 기준으로 삼아 아이들을 서열화하기 바쁘다. 공부를 못하면 유능감은커녕 근면성조차 키우기 곤란한 환경이 되어버린 것이다. 안타깝게도 아동기의 발달 과제를 달성하기 어려운 상황이다.

2부에서는 놀이가 발달과 성장에 반드시 필요한 이유를 살펴보았다. 핵심은 놀이가 아동기 이전까지 성장에 커다란 영향을 미친다는 사실이다. 아이들은 기본적으로 놀이를 통해 각 발달 단계에서 중요한 욕구들을 충족하면서 발달 과제를 달성한다. 이런 아이들에게서 놀이 기회를 빼앗으면 정상적인 성장을 방해하는 것과 다름없다. 꽃이 햇볕을 쬐지 못하도록 방해하는 것과 부모가 아이에게서 놀이를 빼앗는 것이 뭐가 다를까?

실컷 논 아이가

행복한 어른이 된다

3부

놀이를 빼앗긴 아이에게
무슨 일이 벌어질까?

"나중에 굶어 죽으면 어쩌려고 그래?"
"계속 놀기만 할 거라면 용돈은 없다."
한국 부모들은 아이들에게 자기 의견을 말할 권리는 허용할지언정 아이들의 의견에 귀를 기울일 의향은 별로 없는 것 같다. 아이가 기껏 제 의견을 솔직히 표현하면 부모들은 이런 식으로 타이르거나 윽박지른다. 적어도 어린 시절에 부모와 싸워서 이길 수 있는 아이는 없다. 요구를 거부하면 처벌로써 사랑을 철회하겠다는 부모의 협박은 아이에게 가장 큰 공포이며 이를 이겨낼 수 있는 아이는 없기 때문이다. 의견을 표현해도 부모에게 거절 혹은 묵살당하는 경험이 반복되면 아이들은 의견을 말할 권리를 스스로 포기해버리고 만다. 부모가 아이에게 의견을 말할 기회를 주더라도 "몰라요", "알아서 결정하세요"라며 입을 다물어버리거나 부모가 바라는 대답을 하는 데 익숙해진다.

놀지 못하게 하는 것은
아동학대와 다름없다

    놀이를 빼앗은 사회가 비판받아야 하는 이유는 무엇일까? 앞 장에서 이야기했듯 여러 이유가 있겠지만, 무엇보다 놀이가 아이들의 기본 권리의 상징이기 때문이다. 놀이는 인간으로 성장하는 과정에서 아이들이 최초로 획득하는 자유 권리이다. TV에서 외국의 농장이나 공장에서 어린아이들이 노동을 강요당하는 장면을 본다면 아마도 불쌍한 아이들에게 연민을 품을 것이다. 동시에 아동학대자들의 만행에 분노하고 아이들을 구해야 한다는 의무감도 들지 모른다.

    놀이를 빼앗는 것을 시작으로 한국에서 자행되는 광범위한 아동학대 상황을 보는 외국인들의 반응 역시 마찬가지이다. 8년 동안 원어민 강사로 일했던 아일랜드인 던컨 스미스는 아이가 태어나면 한국을 떠날 것이라면서 이렇게 말했다.

"한국적인 압박 하에선 아이를 제대로 키울 수 없다. (한국 아이들의 삶은) 일반적인 아이들의 삶이 아니다."[15]

어떤 이들은 아이들의 장래를 위해서 공부를 권유했을 뿐인데, 아동학대로 간주하는 건 심한 처사라고 따질지도 모른다. 하지만 이는 아이들에게 노동력을 착취하는 외국의 악덕 농장주나 기업가가 '아이들의 미래를 위해 품삯을 주고 있으니 아동학대가 아니다'라고 강변하는 것과 다르지 않다.

아이의 재능 계발을 방해하는 현실

아동학대 문제에 대해서만은 외국인이 개입하더라도 내정간섭으로 간주하지 않는다. 아이를 때리는 옆집 아버지의 만행을 제지하기 위해 이웃이나 경찰이 개입하는 일이 정당한 것처럼 아동을 학대하는 국가에 국제사회가 개입하는 일 또한 정당하다.

유엔아동권리위원회는 1996년 한국의 '심각한 경쟁적 교육제도가 아동의 재능과 소질 계발을 방해할 위험이 있다'는 우

---

15 송현숙 외, 《놀이터의 기적》, 2015, 씨앗을 뿌리는 사람, 125쪽

려를 표명했고, 2011년 '사교육이 여가와 문화 활동에 대한 아동권리 실현에 방해가 되는 것을 우려한다'는 의견을 한국정부에 계속 전달해왔다. 최근 들어 유엔아동권리위원회는 '한국 아동의 놀이가 부적합하다' 또는 '충분하지 못하다'는 우려를 표명하면서 한국정부에 '아동들이 여가와 놀이, 그리고 문화 생활을 충분히 할 수 있도록 정책적 장치가 필요하다'고 권고하기까지 했다.

이뿐만이 아니다. 2014년에 유니세프 한국위원회는 한국 아동의 상황에 우려하며 '어린이를 위한 국가적인 놀이 전략을 수립할 것'을 공식 제안했다. 동시에 유니세프 한국위원회 설립 20주년을 맞이하여 '아동권리본부'를 신설했는데, 이는 위원회가 과도한 학업 스트레스에 시달리는 한국 아동의 상황을 매우 심각하게 보고 있음을 의미한다. 놀이 박탈이 한 발 더 나아가 아동학대로 여겨지고 있는 상황이다.

아동학대를 비롯하여 여러 아동 인권 침해 문제를 방지하기 위해서 국제사회는 1989년 유엔아동권리협약을 제정했고 이를 지키기 위해 꾸준히 노력하고 있다. 현재 전 세계 193개국이 비준하고 있는 이 협약을 한국 역시 1991년에 비준했고 5년마다 협약의 이행 상황을 유엔아동권리위원회에 보고한다. 그러나 한국정부가 과거 유엔아동권리협약에 가입했던 것은 국제사회의 비판을 피하기 위해서였을 뿐 아동권리에 진정 관심이 있어서는 아니었음이 분명해 보인다.

유엔아동권리위원회는 18세 미만 아동에 대한 통계 수집 체계가 미비하다고 지적하면서 한국정부에 세 차례 연속 '효과적인 통계 시스템 구축', '일관성 있는 자료 수집 체계의 확립' 등을 권고했다. 그럼에도 정부는 이를 귓등으로만 들을 뿐 이행하려는 노력은 전혀 보이지 않고 있다. 현재 한국은 아동 정책의 출발점이 되는 각종 통계조차 제대로 낼 수 없는 수준이다. 심지어 OECD 국가 간 아동 실태 비교 기준인 만 18세까지의 통계가 없어 국가 간 비교를 하고 싶어도 할 수가 없는 상황에 있다. 아동권리 문제에 대한 논의가 고인 물처럼 정체한 셈이다.

아이에겐 정신적으로
건강하게 자랄 권리가 있다

　역대 정부는 유엔아동권리협약에 형식적으로 가입만 했을 뿐 아동권리나 행복에는 거의 관심이 없었다. 놀이가 곧 아이들의 권리라는 인식조차 제대로 이뤄지지 못하는 상황이니 놀랄 일도 아니다. 현재 한국은 유엔아동권리협약을 거의 지키지 않고 있다. 좀 심하게 말하면 난폭하게 유린하는 상황이나 다름없다. 유엔아동권리협약은 심심풀이로 만든 것이 아니다. 아동의 성장과 행복에 필수라고 판단하여 이를 만들고 국가마다 지키기로 약속한 것이다.

　유엔아동권리협약은 놀이가 아이들의 기본 권리라는 사실을 생생히 뒷받침한다. 협약 가운데 6조에서는 아동의 생존과 발달을 논하며 "아동은 타고난 생명을 보호받고 건강하게 자랄 권리가 있습니다"라고 명시한다.

신체적 발달과 심리사회적 발달

사람은 단지 육체적 생명만이 아니라 정신적 혹은 사회적 생명을 갖기 때문에 육체뿐만 아니라 정신도 건강해야 한다. 협약 6조에서 언급하는 생명, 건강이라는 개념 역시 육체적인 면과 정신적인 면을 모두 포함하고 있다. 이것은 발달이라는 심리학적 개념 자체가 육체적 발달만이 아닌 심리사회적 발달을 포괄하는 것만 보더라도 알 수 있다. 인권이라는 개념에도 정신적인 생명과 건강이 포함된다. 만일 인권이 오로지 육체적인 생명과 건강에만 국한된다면 몸이 건강한 노예에게 인권 문제란 전혀 없다는 황당한 주장이 가능할 것이다.

나름대로 경제 선진국이라 자부하고 있지만, 한국인들은 아동의 육체적 생명과 건강에 비해 정신적 생명과 건강에 대해서는 상대적으로 무지하거나 무관심한 편이다. 아이들이 정신적으로 힘들어하거나 불행해지지 않도록 하기 위한 노력 역시 턱없이 부족하다.

그 결과 한국 어린이들은 비록 굶주리거나 병마에 시달리지는 않지만 정신적으로 건강하게 자라나고 정상적으로 발달할

수 있는 권리를 보호받지 못하는 상태다. '건강하게 자랄 권리'
가 정신적 건강까지 포함한다는 사실을 이해하고 인정하려는
한국사회와 부모들의 인식과 태도의 전환이 시급하다.

"내 **인생**의 **주인**이 누구인지 모르겠어요."

아동이 자신에게 영향을 미치는 문제들에 대해 의견을 말할
수 있을 때 비로소 인생의 주인이 되기 위한 최소 조건이 성립
된다. 아동은 스스로 독립해서 살 수 없기 때문에 반드시 부모
의 도움을 필요로 한다. 하지만 부모가 아동의 삶을 마음대로
통제하거나 지배해도 괜찮다는 의미는 아니다. 부모는 아동이
인생을 스스로 선택하고 개척해나갈 수 있도록 도움을 주는 양
육자일 뿐 그 인생을 대신 소유할 수 없다.

부모는 양육자로서 아동이 삶에 대한 결정권을 최대한 발양
할 수 있도록 도와야 하며 무엇보다 아이에게 의견을 말할 권
리를 보장해야 한다. 유엔아동권리협약 12조에서는 이에 대해
"아동은 자신에게 영향을 미치는 문제를 결정할 때 의견을 말

할 권리가 있습니다. 어른들은 아동의 의견에 귀를 기울여야 합니다"라고 정해두었다.

만일 아이가 자기에게 영향을 미치는 문제를 결정할 때 의견을 말할 권리를 보장받지 못하면 어떻게 될까? 자기 인생의 주인이 자신이 아닌 부모 혹은 타인이라고 느낄 수밖에 없으며 자연히 의존적이고 무력해지기 십상이다.

어린 시절에 부모를 이길 수 있는 아이는 없다

굳이 좋은 쪽으로 보자면 한국 아동들은 자기 의견을 말할 권리를 어느 정도 누리고 있는지도 모른다. 한국 부모들은 대부분 아이와 관련된 문제를 결정할 때 당사자인 아이들에게 이렇게 묻곤 한다.

"학습지를 해보는 게 어때?"

"학원에 다녀야 하지 않겠니?"

만일 아이들이 그 시기까지 자유와 행복을 누리면서 정상적으로 성장해왔다면 당연히 이렇게 대답할 것이다.

"싫어요. 놀고 싶어요."

협약 12조에 의하면 '어른들은 아동의 의견에 귀를 기울여야 한다.' 그러나 한국 부모들은 아이들에게 자기 의견을 말할 권리는 허용할지언정 그 의견에 귀를 기울일 의향은 별로 없는 것 같다. 아이가 기껏 제 의견을 솔직히 표현하면 이런 식으로 타이르거나 윽박지른다.

"나중에 굶어 죽으면 어쩌려고 그래?"

"계속 놀기만 할 거라면 용돈은 없다."

적어도 어린 시절에 부모와 싸워서 이길 수 있는 아이는 없다. 요구를 거부하면 처벌로써 사랑을 철회하겠다는 부모의 협박은 아이에게 가장 큰 공포이며 이를 이겨낼 수 있는 아이는 없기 때문이다.

의견을 표현해도 부모에게 거절 혹은 묵살당하는 경험이 반복되면 아이들은 의견을 말할 권리를 스스로 포기해버리고 만다. 부모가 아이에게 의견을 말할 기회를 주더라도 "몰라요", "알아서 결정하세요"라며 입을 다물어버리거나 부모가 바라는 대답을 하는 데 익숙해진다. 물론 한국 부모들 중에도 아이들의 의견을 존중해주고 아이들이 원하는 바를 들어주는 이들이 있다. 하지만 이런 부모들조차 아이들에게 정말로 중요한 문제들에 관해서는 본인 의견을 존중하지 않는 경우가 흔하다.

자유롭고 창의적인 인재로
성장할 수 있을까?

말이나 글, 예술을 통해 자신의 생각을 표현할 수 있다는 것은 곧 어떤 생각을 하더라도 존중받을 수 있다는 뜻이다. 표현의 자유란 본질적으로 생각의 자유이자 사상의 자유이기 때문이다. 생각의 자유가 보장되면 아동은 자유롭게 사고 활동을 할 수 있고 그 과정에서 창의성이 발달한다. 생각의 자유가 보장되지 않으면 사고 활동 역시 방해를 받으므로 창의성은 요원해진다. 유엔아동권리협약 13조에서도 아동 표현의 자유를 논한다. 놀이가 아이들에게 최초의 표현 수단이 된다는 점을 감안하면 눈여겨볼 대목이다. "아동은 말이나 글, 예술을 통해 자신의 생각을 표현할 권리가 있으며 국경을 넘어 모든 정보와 생각을 서로 주고받을 권리도 있습니다."

한국은 아동에게 생각의 자유를 보장해주는 사회일까? 초등학교 수업 시간에 선생님이 어떤 주제에 대해서 열심히 설명했는데, 한 아이가 손을 번쩍 들더니 선생님 의견에 반대하는 주장을 논리정연하게 발표했다고 가정해보자. 반대 의견 표현을 당연시하며 오히려 장려하는 풍조가 정착된 서구 사회에서라면 이 아이는 선생님에게 높은 평가를 받을 것이다.

하지만 반대 의견을 거북해하며 이를 비이성적인 수단으로 억누르는 풍조가 심한 한국사회라면 이 아이는 선생님으로부터 꾸지람을 듣고 눈 밖에 날지도 모른다. 자유로운 의견 표현으로 인해 고통을 겪는 과정이 반복되면 아동은 자기 생각을 표현하기보다 그것을 억압하거나 검열하게 된다. 아예 자유롭고 창의적인 생각을 못하게 될 수도 있다. 놀이에서도 마찬가지다. 아이가 놀이를 통해 생각을 표현할 기회를 놓치면 사고 과정에서 수동적인 태도를 가질 수밖에 없다.

생각의 자유를 허용하라

한국사회가 표현의 자유에 관대하지 않은 것은 여전히 한국이 사상의 자유, 표현의 자유를 온전히 허용하지 않는 국가라는 사실과 밀접한 관련이 있다. 전근대적인 국가보안법으로 사상의 자유를 탄압하는 국가에서 70여 년 넘게 살아왔기 때문에 한국인들은 이미 자기 검열에 익숙해있다. 한마디로 항상 생각 조심, 입조심하는 데 너무나 익숙해진 것이다. 더구나 사상의 자유를 억압하려는 경향이 현 정부가 들어선 이후 특히 심해지고 있다. 역사 교과서 국정화 강행 조치가 보여주듯 현 정부는 국민들이 다양한 사상을 맛보지 못하게 만드는 탄압의 수준을 넘어서 오로지 집권 세력의 사상으로 아이들의 머릿속을 꽉 채우려는 의도까지 드러내고 있다.

사상의 자유를 보장하지 않는 사회에는 자기와 다른 의견을 참지 못하고 폭력적으로 짓밟아버리는 비이성적인 분위기가 팽배하기 마련이다. 지배 권력이 불온한 사상을 가지고 있다는 누명을 씌워 정치적 반대자를 박해하거나 제거해버리는 풍경이 일상화된다.

결코 정치에서만 이런 일이 벌어지지 않는다. 상당수의 한국인들은 상대방에게 자기 의견을 충분히 표현할 수 있는 기회와 권리를 보장하기보다 상대 의견이 마음에 들지 않으면 그 표현을 틀어막는 데 익숙하다. "나이도 어린 놈이……", "여자가 무슨 말이 그리 많아……", "학생이 공부는 안 하고……", "노동자가 일은 안 하고……", "군대도 안 갔다 온 놈이……"와 같은 표현이 의견을 틀어막을 때 자주 등장하는 비이성적 수단들이다.

놀이든 교육이든 그 무엇에서든 사상의 자유가 보장되지 않는 나라에서는 창의적인 인재가 자라날 수 없다. 아마도 빌 게이츠나 스티브 잡스 같은 사람들은 어렸을 때 다수와는 다른 특이한 아이디어를 선보이곤 했을 것이다. 만약 이들이 그런 아이디어를 떠올렸다고 해서 혼나거나 불이익을 당했다면 지금 같은 혁신을 이뤄낼 수 있었을까?

모임을 만들고 운영해보는 경험이 왜 중요한가

사회생활이란 곧 조직 생활이다. 현대사회는 고도의 조직 체계를 통해서 움직여나가기 때문에 모든 사람은 각종 모임이나 조직에 소속되어 살아간다. 이 과정에서 조직 생활에 잘 적응할 뿐만 아니라 조직을 만들고 운영할 줄 아는 능력, 곧 민주적인 조직 운영 능력이 필수적으로 요구된다. 그런데 조직 운영 능력 역시 어른이 된다고 해서 갑자기 생겨나는 것이 아니다. 어렸을 때부터 경험을 통해 익히면서 성인기에 완성된다. 한마디로 민주적인 조직 운영 능력에도 경험과 훈련이 필요하다는 것이다.

"아동은 모임을 자유롭게 조직할 수 있어야 하며 아동의 목적을 위해 평화로운 방법으로 모임을 열 수 있어야 합니다."

유엔아동권리협약 제15조는 결사의 자유를 아동의 수준에 맞추어 표현하고 있다. 아동이 자기의 목적을 실현하려면 당연히 모임을 결성할 수 있어야 한다. 특히 아동기에 모임을 만들고 운영해보는 경험은 훗날 사회생활에 꼭 필요하다. 이런 의미에서 놀이는 조직 운영 능력을 체험하는 최초의 현장이 된다.

민주 시민 양성의 중요성을 강조하는 나라들은 아동들에게도 결사의 자유를 보장해준다. 예를 들면 덴마크에서는 초등학생들도 학생회를 만들어 자주적으로 운영하고 있을 뿐만 아니라 학생회 대표가 학교를 운영하는 이사회에도 참여한다. 덴마크의 아이들은 어렸을 때부터 집이나 학교 등 어느 장소에서든지 자기 의견을 자유롭게 표현하며 조직을 만들고 운영하는 경험을 하면서 자라난다. 그 결과 훗날 민주 시민의 소양을 자연스레 터득한다.

반면 한국인들은 초등학생들에게 충분한 의사 표현 혹은 결사의 기회를 주지 않는다. 혹여 학생회를 만들려고 하면 '하라는 공부는 안 하고 쓸데없는 짓이나 한다'고 나무란다. 초등학생들이 학생회를 통해 학교 운영에 참여하려고 하면 '머리에 털도 안 난 것들이 감히 어른들이 하는 일에 감 놔라 콩 놔라' 한다며 무시하기 일쑤다. 이런 후진적인 사회 풍조로 인해 아이들은 성인기까지 모임을 만들고 운영하는 경험을 거의 해보지 못한다. 어른이 되고 난 후에야 조직 생활을 시작하니 자율적, 민주적으로 조직을 운영하는 데 미숙할 수밖에 없다. 결국

공적인 조직에서조차 마치 애들처럼 끼리끼리 몰려다니는 일
이 벌이지는 것이다.

사교육보다 더 절실하게 필요한 것

한국 부모들은 아이에게 무엇이 필요한지 잘 알고 있을까?
대부분의 한국 부모들은 공부와 사교육만 챙겨주면 된다고 믿
고 있는 듯하다. 아이들에게 무엇이 정말로 필요한지 잘 모르
는 것이다. 만일 부모들이 아이들에게 자유로운 놀이가 필요
하다는 사실을 잘 알면서도 허용하지 않는다면 문제는 한층 더
심각하다. 고의적으로 '잘 키울 책임'을 방기하며 유엔아동권
리협약 18조("부모나 보호자는 아동에게 무엇이 필요한지 알고 잘 키
울 책임이 있습니다. 정부는 부모가 아동을 잘 기를 수 있도록 도와주어
야 하며, 특히 맞벌이 부부의 자녀들이 좋은 시설에서 자랄 수 있도록
해주어야 합니다")를 의도적으로 위반하는 셈이기 때문이다.

수입은 좀처럼 늘지 않는데 아이들을 키우는 데 들어가는 돈
은 점점 더 늘어만 간다. 특히 아이들의 사교육비를 온전히 감
당하려면 아버지 혼자만의 벌이로는 어림도 없다. 마침내 엄마
들까지 나서서 맞벌이를 하고 부부가 합심해서 번 돈으로 아이
들은 사교육 기관에 맡긴다. 한국사회에서 맞벌이 부부가 늘어

나며 아이들을 방치하는 가정이 증가하는 현상은 이와 관련이 있다. 그러고 보면 한국형 맞벌이란 여성의 사회활동이나 자아실현과는 한참 거리가 먼, 아이의 사교육을 위한 부부의 중노동이라 할 수 있다.

돈을 위해서, 자녀들의 사교육을 위해서 중노동을 하는 한국 부모들은 피곤하고 불행하다. 행복하지 않은 부모들, 고단하고 우울한 부모들은 자녀들에게 관심을 갖거나 너그러워지기가 힘들다. 그러다 보니 한국 부모들은 자식 뒷바라지를 돈을 벌어다주는 것으로 간주하며, 진정한 양육에는 손을 놓은 채 자식을 사교육 기관에 위탁해 키우는 셈이다.

물론 한국이 사교육이 필요 없는 세상이 되는 것이 가장 좋은 해결책이다. 그러나 우선 한국 부모들은 사교육보다 훨씬 더 중요한 것이 자녀에게 관심을 기울이고, 자주 대화를 하며, 그들의 권리를 보장해주는 것임을 알아야 한다.

실컷 논 아이가

행복한 어른이 된다

4부

어른들의 불안은
어른들이 해결해야 한다

어두운 밤 적막한 길을 홀로 걸어가고 있다고 가정해보자. 이때 뒤에서 누군가가 걸어오는 소리가 들려온다. 반가운 마음에 같이 길동무가 되어 걸어갈 수 있다면 행복한 사회다. 그러나 덜컥 겁이 나 종종걸음을 치는 사회는 불행하다. 36개 OECD 국가들을 대상으로 실시된 〈2015 더 나은 삶의 지수 조사〉에 의하면 한국은 사회적 연계Social Connections 항목에서 최하위를 기록했다. 관계나 공동체에 대한 열망이 가장 강한 민족임에도 사회적 관계가 세계 최악의 수준으로 떨어졌다는 사실은 참으로 씁쓸하다.

부모들은 세상에 짓눌려 자식들을 불행으로 떠밀 것이 아니라 세상으로부터 보호해주어야 한다. 가난을 두려워하는 것은 어디까지나 부모들이지 아이들이 아니다. 그러나 대부분의 한국 부모들은 공포와 불안을 강요하는 세상에 맞서기보다 그들의 공포와 불안을 아이들에게 떠넘기고 있다. 그리하여 아이들도 불행을 향해 걸어가도록 강요한다. 이제 어른들의 불안은 어른들이 알아서 해결하고 아이들만큼은 행복하게 자라도록 해주어야 하지 않을까?

부모인가, 학부모인가

　　지나친 공부 강요로 인한 스트레스는 부모 자식 사이의 정상적인 관계를 파괴하고, 모두의 정신 건강을 악화시키는 주범이다. 얼마 전 한 일간지에 '전교 1등 모범생이 살인자가 된 이유, 부모이길 원했지만'[16]이라는 제목으로 다음과 같은 사연이 소개되었다.

16 〈국민일보〉, 2015년 7월 17일

"나는 저 정도까지는 아니야."

전교 1등 모범생이 어머니를 살해했다. 모범생이 살인자가 될 수밖에 없었던 이유는 무엇이었을까? 다름 아닌 '가정폭력' 때문이었다. 지난 16일 방영된 MBC 시사교양프로그램 〈경찰청 사람들 2015〉에서는 부모를 죽여 존속살인범이 된 전교 1등 김영수(가명·고3) 군의 안타까운 사연이 공개됐다.

이날 방송에서 김 군은 어머니와 거실에서 항상 함께 공부한다고 했다. 어머니는 3일 동안 아이를 재우지 않았고, 밥까지 굶기면서 공부만 강요했다. 어머니를 살해한 날 어머니는 잠깐 졸았다는 이유만으로 9시간 동안 골프채로 200여 대를 때리는 등 심한 가정폭력을 휘둘렀다. 이명숙(김 군 담당) 변호사는 "아이는 온몸에 멍이 들었다"며 "어머니를 살해할 때까지 지속해서 폭행을 당해왔기 때문이다"라고 밝혔다.

이어 "종아리는 아예 변색이 돼있었고 엉덩이도 짝짝이였다"며 "왼쪽은 골프채로 너무 많이 맞아 내려앉아 있었고 500원짜리 정도의 딱딱한 굳은살이 있었다"고 덧붙였다. 또 어머니는 주로 오른손으로 뺨을 때려 김 군은 왼쪽 귀에 이명이 생기고 잘 들리지도 않는 상태였다. 결국 생명의 위협을 느낀 김 군은 어머니를 살해하고 말았다. 어머니의 시신은 사건 발생 8개월 만에 발견됐다. 김 군은 어머니 살해 후 공부를 접었다.

이명숙 변호사는 "이 아이는 가해자가 아니라 피해자다"라며 "(어머니

가) 살아있었다면 심각한 아동학대 가해자인 거다"라고 주장했다. 학교 관계자는 "가해자의 어머니는 학교에서도 많은 사람이 보는 앞에서 아들 뺨을 쉴 새 없이 때렸다"고 전했다. 5년 전 집을 나가 별거 상태인 아버지 역시 "나도 사실 애 엄마가 무서웠다. 집착이 대단한 여자였다"고 당시를 회상했다.

변호사는 아동학대 피해자로서 정당방위와 긴급피난으로 무죄를 주장했지만 김 군에게는 장기 3년 6월, 단기 3년의 실형이 선고됐다. 이 변호사는 부모들에게 "자녀들을 인격체로 존중해달라"며 "한 대도 안 맞고 잘 자란 성인들이 더 많다. 패륜 자녀는 없고 패륜 부모만 있을 뿐"이라고 당부했다.

김 군이 교도소에서 친구에게 한 통의 편지를 보냈다. "부모는 멀리 보라고 하지만 학부모는 앞만 보라고 한다. 부모는 함께 가라고 하지만 학부모는 앞서 가라고 한다. 부모는 꿈을 꾸라고 하지만 학부모는 꿈꿀 시간을 주지 않는다." 김 군은 어머니가 부모이길 바랐는데 어머니는 학부모였다. 김 군의 옥중편지가 많은 부모들에게 자신을 되돌아보는 계기가 되길 기대해본다.

이런 기사를 보면서 대부분의 한국 부모들은 "저건 너무 심하네. 완전히 미쳤어. 나는 저 정도까지는 아니야"라고 애써 자위할지도 모른다. 그러나 정도의 차이는 있을지언정 부모들 상당수가 이 기사에 나온 어머니처럼 아이에게 공부를 강요하거나 집요하게 몰아가고 있다. 정도의 차이만 있을 뿐 이 사건에서 적나라하게 드러난 병적인 부모 자식 관계가 한국 가정에 널리 퍼져있는 것이다.

자존감을 보상받기 위해
자식에게 집착하는 엄마

　세상살이가 워낙 힘들다 보니 현실에서 도망치고 싶어 하는 한국인이 계속 늘어나는 추세다. 젊은 세대의 과반수가 '기회가 되면 이민을 가고 싶다'고 대답했다는 설문 조사 결과조차 벌써 옛이야기로 치부될 만큼 현실 도피 심리가 팽배하다. 일부 여성들은 간혹 현실 도피 수단으로 결혼을 선택하기도 한다. 취업과 사회생활로부터 벗어나기 위해 결혼하는 경우가 적지 않은 것이다. 그러나 도망치듯 결혼을 하고 자기 계발을 포기할 경우 자존감의 손상을 피하기 어렵다. 자존감이 위태로운 상태에서는 육아 역시 잘못된 방향으로 엇나갈 수 있다.

　현실 도피 식으로 결혼한 여성들이 손상된 자존감을 보상받기 위해 남편과 아이에게 유달리 집착하는 경우가 있다. 건강한 관계는 두 주체가 자유롭고 독립적인 상태에서 만나야 비로소 이루어지기 마련이다. 그런데 남편에게 의존하고 집착하는 아내와 그 자존감을 보상해주기 위해 애쓰는 남편 사이의 관계가 건강할 수 있을까. 설령 남편이 사회적으로 성공한들 그것만으로 아내의 자존감이 회복될 수는 없으며, 남편이 성공하지 못하거나 부부 관계가 원만하지 않을 경우에는 자식에게 집착하게 된다. 자식이 공부를 잘하면, 좋은 학교에 진학하면, 좋은 직장에 취직하면 상처받은 자존감이 회복될 거라는 착각에 빠지는 탓이다.

공부 잘하는 아이로 만들어야 한다는 압박감

전업주부의 가치를 자녀 교육에 따라 평가하는 사회 풍조 역시 엄마들로 하여금 놀이의 중요성은 간과하고 공부만을 강요하도록 부추긴다. 오늘날 보편적으로 통용되는 자녀 교육의 성패 기준은 학교 성적과 명문대 진학 여부이다. 아이의 인성과는 관계없이 공부를 못해서 명문대에 진학하지 못하면 자녀 교육에 미친 엄마의 역할은 올바르게 평가받기 어렵다.

한국 엄마들에게 아이가 성적 때문에 무시당하는 두려움은 가난 때문에 무시당하는 두려움 못지않다. 비교부터 시작하고 보는 풍조 탓에 내 아이를 공부 잘하는 아이로 만들어야 한다는 엄청난 압박감에 시달리게 된다. 특히 주체성이 부족한 엄마일수록, 타인의 평가에 민감하거나 학력 콤플렉스가 심한 엄마일수록 자식에게 공부와 성공을 강요하는 강도가 높은 편이다.

엄마라면 아이의 행복을 바라는 것이 당연하다. 그러나 사랑을 방패 삼아 아이를 극심한 스트레스로 몰아가는 엄마는 자식을 자기 보상의 도구로 보는 것과 다름없다.

돈이 없으니 자랑스럽지 않은 **아빠**

아이를 자기 보상의 도구로 보는 것은 비단 한국 엄마들만의 문제가 아니다. 이를테면 아버지들은 자식에게 간혹 이런 말을 하곤 한다.

"넌 나처럼 살지 마라."

이 말을 할 때 아버지들은 마치 자식의 얼굴을 볼 면목도 없다는 듯이 고개를 떨어뜨리곤 한다. 이는 곧 자기 인생은 실패했다는 뜻이기도 하다. 자부심이 있다면 그런 비참한 말을 할 까닭이 없다. 그런데 더욱 놀라운 것은 이런 말을 하는 아버지들이 결코 빈집털이로 생계를 꾸려온 나쁜 사람들이 아니라 대체로 선량하고 성실하게 살아온 사람들이라는 것이다. 왜 이들은 스스로의 인생을 자랑스럽게 여기지 못하는 것일까? 이유는 간단하다. 가난하기 때문이다.

물질에 대한 숭배가 하늘을 찌르고 있는 한국사회에서 돈은 사람의 가치를 평가하는 기준이 되어버렸다. 아버지의 가치 또한 소득, 즉 돈으로 평가된다. 인격과 무관하게 오로지 모아놓은 재산과 소득만으로 그 사람의 인생과 업적에 대한 평가가 달라지고는 한다. 이런 비정상적인 평가 기준으로 인해 돈을 많이 벌지 못한 대부분의 아버지들은 자기 인생을 긍정적으로 말하지 못한다.

'너는 나처럼 살지 마라'는 충고는 왜 위험한가

'나처럼 살지 마라'는 아버지의 말은 충고이기도 하다. 자식에게 너는 성공하라는 부탁도 담겨있다. 모름지기 나와는 다른 인생을 살라는 아버지의 충고는 자식을 진심으로 위하는 마음에서 비롯되었을 것이다. 그러나 이런 충고는 아버지의 의도와는 달리 자식에게 좋지 않은 영향을 줄 위험이 크다.

이런 충고는 자식이 아버지를 부끄럽게 여기도록 만든다. 비록 가난할지라도 자식은 그런 아버지를 자랑스럽게 생각할 수 있다. 가진 것 없고 배운 것도 부족하지만, 최선을 다해서 살며 진심으로 가족을 사랑하는 아버지는 충분히 스스로를 자랑스러워할 수 있다. 이런 아버지 밑에서 자라난 아이 역시 가난한 아버지를 부끄러워하기는커녕 자랑스럽게 생각하고 나아가 소득과 상관없이 당당할 수 있다. 사실 자식이 정말로 부끄러워하는 것은 가난이 아니다. 스스로를 부끄러워하는 아버지의 초라함이고 권력과 부 앞에 맥없이 굴종하는 아버지의 비굴함이다. 이런 아버지를 지켜보면서 자라난다면 자식은 아버지뿐 아니라 가난까지 두려워하게 될 수 있다.

'나처럼 살지 마라'는 충고는 또한 아이로 하여금 올바른 삶을 혐오하도록 만들 수 있다. 착하고 성실하게 살아왔는데도 가난한 것은 세상이 잘못된 탓이지 아버지 탓이 아니다. 따라서 아버지는 자식에게 우리 세대는 세상을 바꾸지 못했지만 너희 세대는 잘못된 세상에 맞서 바꿔보라고 충고해야 한다. 그러나 현실적으로 한국의 아버지들은 자식들에게 이런 합리적인 충고를 하는 대신 나처럼 살지 말라고 한탄한다.

그러면 어떻게 살라는 말인가? 수단 방법 가리지 말고 돈이나 잔뜩 벌라는 말인가? 물론 아버지들이 정말 이런 생각으로 충고를 하지는 않을 것이다. 하지만 이런 충고는 자칫 성실하게 살아온 아버지들의 삶, 보통 사람들의 삶을 부정하고 나아가 혐오하라는 잘못된 메시지를 던질 수 있다.

실패한 인생을 살았다고 여기는 앞세대가 뒷세대에게 올바른 충고를 해주려면 우선 자기 인생이 정말로 실패한 것인지,

왜 실패한 것인지, 바람직한 인생을 살려면 어떻게 해야 하는지 등을 깊이 성찰해야 한다. 그런 다음에 충고를 해야만 뒷세대에게 비로소 도움이 될 수 있다. 쉽사리 자신의 인생을 판단해서는 안 된다. 오로지 돈으로만 성공과 행복을 판단하는 사회 통념에 물들어 잘못된 충고를 남발할 수 있다. 지금 아이들에게 정말로 필요한 것은 그런 충고가 아니다. 놀이와 자유를 만끽하도록 해주는 넉넉한 마음자리이다.

부모가 불안하면 아이도 불안하다

나는 《트라우마 한국사회》에서 80년대에 태어난 세대를 세상에 대한 공포가 극심하다는 점에 근거해 '공포세대'로 규정한 바 있다. 이 세대가 이제 성인이 되고 부모가 되고 있는데, 이들의 불안 수준은 어릴 때에 비해 낮아지기는커녕 더 높아졌다. 세상에 대한 불안, 사람에 대한 불안은 끝내 모든 것을 두려워하는 광범위한 불안으로 확산되기 마련이다. 특히 불안이 심한 부모일수록 아이에게 놀이를 허용하지 않는 경향이 있다. 아이가 다칠까 봐 그네를 타지 못하게 하고, 유괴라도 당할까 봐 집 밖으로 나가지 못하게 하며, 행여 병에 걸릴까 봐 흙장난한 아이를 다그치기도 한다.

부모가 불안하면 아이도 불안하기 마련이다. 심리학자들이 흔히 말하듯 감정은 전염성이 강하기 때문이다. 종종 오랫동안 반려견을 키운 사람들을 보면 주인과 개가 서로 비슷해 보인다는 것을 발견할 수 있다. 주인이 반려견처럼 생겼다는 말이 아니라, 둘 사이의 표정이 닮았다는 말이다. 가령 주인이 온화하고 유순한 인상이면 개도 순해 보이고, 주인이 험악하고 거친 인상이면 개도 험해 보인다. 개가 주인의 감정 반응에 동화하는 과정이 반복되었기 때문이다. 낯선 사람을 대할 때 주인이 긴장하거나 경계하면, 주인을 관찰하면서 개도 똑같이 긴장하거나 경계하는 것과 같다.

관계에 훨씬 예민한 사람은 어떻겠는가. 아이들은 굳이 대화가 없더라도 부모의 감정 상태를 금방 알아챈다. 이 과정이 반복되면 아이도 부모와 비슷한 감정 반응을 보이게 된다. 이런 사실은 부모가 아이의 정서에 영향을 미치기 전에 자신의 불안부터 해결할 필요가 있음을 새삼 일깨워준다.

마음껏 놀아보지 못한 '공포세대'

공포세대 부모의 또 다른 문제는 이들이 어릴 때 마음껏 놀아보지 못한 세대라는 것이다. 물론 공포세대 내에도 개인차가 있으며 전부가 그렇다고 할 수는 없다. 하지만 60~70년대에 출생했던 세대와 비교했을 때 전반적으로 놀이 경험이 부족하다는 것을 분명하게 알 수 있다. 설령 놀이 경험이 있다 하더라도 또래와의 집단적인 놀이보다는 '개인주의화된 놀이'를 했던 경우가 더 많다. 놀이 전문가들은 일반적으로 35세 이상의 부모 세대에 비해 어린 부모 세대는 단체 놀이에 대한 경험이 없다고 지적하면서 이렇게 말한다.

'마실 문화', '골목 문화'의 경험이 없는 젊은 부모들이 등장했다. (중략) 1990년대 초·중반에 학창시절을 보낸 세대로, 대학 나온 부모들의 통제를 심하게 받기 시작한 세대다.[17]

일부 공포세대 부모는 아이의 놀이에 대해 흔히 두 가지로 반응한다. 아이에게 당연히 놀이가 필요하다고 생각하지 않거나, 부모로서 아이와 어떻게 놀아야 할지를 모르는 것이다. 이는 불우한 어린 시절이 단지 한 세대만의 불행으로 그치지 않으며 이후 자식 세대까지 대물림된다는 사실을 의미한다. 공포세대 이후 세대의 정신 건강이 더 악화되는 점을 미루어 보아 후대 아이들의 상황은 더욱 심각해질 가능성이 있다.

---

17 송현숙 외, 《놀이터의 기적》, 2015, 씨앗을 뿌리는 사람, 52쪽

성적에 따라 자식을 **사랑**하는 이상한 사회?

과거 한국 부모들은 성적과 상관없이 자식을 사랑했다. 다시 말해 지금보다는 비교적 정상적인 부모 자식 관계가 가능했다. 인간에 대한 사랑이란 본질적으로 인간 본성에 대한 사랑이다. 누군가 개를 사랑한다고 말하면서 정작 개의 본성을 이해하지 못하고 존중하지도 않는다면, 정말로 사랑한다고 할 수 있을까? 가령 개의 본성이 산책을 좋아하는 것인데 개의 산책을 금지시킨다면? 과연 그는 개를 사랑하는 것일까, 학대하는 것일까? 당연히 후자이다. 마찬가지로 누군가를 사랑한다고 말하면서도 인간 본성을 존중하지 않고 도리어 억누른다면 그것은 사랑이 아니라 학대이다.

21세기가 가까워지면서 한국인들은 인간을 인간 그대로 사랑하는 능력을 잃어버리기 시작했다. 가장 큰 이유는 한국사회가 사람을 상품으로 취급하는 자본주의 사회, 특히 본격적인 신자유주의 사회가 된 데서 비롯된다. 모든 것을 상품화하는 자본주의 사회에서는 사람 역시 상품화된다. 즉 사람을 가장 존엄한 존재로서 대우하며 존중하는 것이 아니라 단지 여러 상품 가운데 하나로 취급하는 풍조가 만연한다.

상품에 대한 사랑은 인간에 대한 사랑과는 전혀 다르다. 이는 상품 가치가 상승하면 사랑하고 하락하면 사랑하지 않는, 상품의 가치 변화에 따라서 달라지는 변덕스러운 사랑이다. 예를 들면 가치가 높은, 즉 고가의 최신 스마트폰을 애지중지하다가도 시일이 지나 가치가 떨어지면 아무렇게나 막 대하는 것과 같다.

상품 가치에 따라 변덕을 부리는 사랑

자식을 인간이 아닌 상품으로서 사랑한다는 것은 자식이 상품 가치가 높을 때에만 사랑한다는 것을 의미한다. 그렇다면 자식의 성적과 상품 가치는 어떤 관계가 있을까? 오로지 상품 가치에 따라 평가하자면 공부를 잘하는 자식은 훗날 높이 평가받고 돈을 많이 버는 값비싼 상품이 되겠지만, 공부를 못하는 자식은 훗날 가치도 떨어지고 돈까지 못 버는 후진 상품이 될 것이다. 비유하자면 공부 잘하는 자식은 장차 벤츠로, 공부 못하는 자식은 장차 국산 경차로 평가받는 셈이다. 자식을 상품으로 여기는 부모는 국산 경차보다 벤츠를 더 사랑한다.

슬프게도 현재 한국사회에서는 전형적인 상품 사랑이 사람들 사이의 사랑, 나아가 부모의 자식 사랑에도 그대로 적용되고 있다. 자본주의 사회, 특히 한국처럼 돈에 대한 숭배가 극심한 신자유주의 사회에서 살다 보면 자기도 모르게 사람을 상품 취급하는 데 익숙해지기 십상이다. 사람을 상품 취급하는 사회 풍조는 자기 자신마저 상품처럼 취급하게 만든다. 이런 조건에서 부모 자식 관계만은 다르기를 기대하기란 어려울 것이다.

사람에 대한 정상적인 사랑과 상품 취급하는 식의 사랑은 절대로 양립할 수 없다. 인간을 상품으로서 사랑하는 것은 곧 사람에게 상품이 되라고 강요하는 것과 같다. 결국 성적에 따라 사랑을 주는 부모 밑에서 자라난 아이는 자신이 사랑받고 있다고 확신하지 못하며, 사람대접을 받고 있다고 생각하지도 않는다. '조건부 사랑'을 받으며 커다란 마음의 상처까지 받는다.

아이의 **자존감**을 무너뜨리는 **조건부 사랑**

조건부 사랑은 무엇보다 아이의 자존감을 무너뜨린다. '나는 부모님의 자식이고 부모님은 나를 당연히 사랑한다'라고 믿는 아이는 자신이 존재만으로 사랑받는 사람이라고 생각하므로 자존감이 튼튼하다. 반면 '나는 공부를 잘해야만 부모님으로부터 사랑을 받을 수 있다'고 믿는 아이는 자존감이 허약해지기 십상이다.

예전에 한 대학생으로부터 들은 이야기이다. 그는 호주 유학 생활 중 평범한 가정집에 머물렀는데, 집주인 부부에게 대여섯 살 정도 되는 아이가 있었다. 그 아이는 부부가 몇 년 전 입양한 양자였다. 어느 날 그 아이의 생일을 맞아 파티가 열렸다. 생일 파티에서 부부는 아이를 꼭 안으며 이렇게 말해주었다.

"우리 아이가 되어줘서 정말 고마워. 소중한 아들아, 사랑한다."

이 모습을 지켜보던 그는 파티가 끝나고 난 후 자기 방에 돌아와 밤새껏 울었다. 그의 부모는 그가 좋은 성적을 받아왔을 때만 칭찬해줬다. 자신이 그저 자식이라는 이유만으로 사랑받은 적이 없다는 사실을 깨달은 순간 눈물이 펑펑 쏟아졌던 것이다.

조건부 사랑은 공부를 사랑받기 위한 도구로 전락시킨다. 공부를 잘해야 사랑받을 수 있다고 믿는 아이는 어떻게든 좋은 성적을 받아야 한다는 강한 압박감에 시달리게 된다. 이때부터 아이에게 공부는 좋아서 하는 게 아니라 부모의 사랑을 받기 위해서 하는 것이 되어버린다. 그러니 당연히 즐거울 리 없다.

부모의 사랑을 잃어버릴지도 모른다는 두려움

요즘 아이들은 대부분 이런 갈등으로 고통받는다. 공부를 잘해야 한다는 의무감과 공부하기 싫다는 마음 사이의 갈등을 일상적으로 겪는 것이다. 한국인들의 학구열이나 지적 수준이 성인기부터 급격히 감퇴하는 것도 같은 이유이다. 어릴 때에는 부모의 사랑을 받기 위해서, 청소년기부터는 사회로부터 높은 평가를 받기 위해서 공부를 한다. 사랑을 쟁취하기 위한 도구로서의 공부는 일단 그 목적을 어느 정도 달성했다고 믿는 순간부터 필요성이 떨어지기 마련이다. 한국 학생들이 대학에 진학하고 난 후, 좋은 직장에 취직을 하거나 석박사가 되고 난 후 서서히 공부에 흥미를 잃는 현상은 당연하다고 할 수 있을 것이다.

상품 사랑, 조건부 사랑을 받으면서 자라난 아이의 마음에는 평생 동안 불안이 자리 잡을 가능성이 크다. 공부를 잘해야만 사랑받을 수 있다는 믿음은 성적이 떨어지면 사랑을 잃어버릴 거라는 두려움과 동전의 양면처럼 붙어있다. 더구나 부모의 건강한 사랑, 무조건적인 사랑을 경험하지 못하면 타인의 사랑도 의심하기 쉽다. '부모조차 나를 무조건 사랑해주지 않았는데, 하물며 타인은 어떻겠는가?'라고 생각하기 때문이다. 한마디로 조건부 사랑은 타인의 사랑을 잃을까 봐 근심 걱정하는 삶으로 이어질 가능성이 크다.

한국에서 아동에 대한 무차별적인 폭력은 줄어들었지만 학업을 이유로 가하는 선별적 폭력은 오히려 증가 추세에 있다. 상당수의 부모들은 '아이가 공부를 못한다고 때린 적은 없으니까 괜찮지 않을까?'라고 생각할지도 모른다. 그러나 폭력이 훨씬 더 나쁜 결과를 낳는다는 점에서만 약간의 차이가 있을 뿐, 조건부 사랑의 결과는 항상 동일하다는 사실을 알아야 한다.

아이들은 부모의 속마음을 귀신같이 읽어낸다. 100점을 받았을 때와 80점을 받았을 때의 표정이 달랐다면, 아이는 자신의 부모가 공부를 잘해야 사랑해준다는 걸 금방 알아차린다. 폭력을 사용하지 않더라도 조건부 사랑은 얼마든지 아이에게 부정적인 영향을 미칠 수 있다.

"네가 **돈** 없는 **설움**을 몰라서 그래."

만일 한국 부모들이 돈 없이도 행복할 수 있다고 믿는다면 어떨까? 자식이 굳이 좋은 직장을 구하지 않아도 괜찮고, 일류 대학에 진학하지 않아도 괜찮고, 어릴 때는 마음껏 놀아도 괜찮다고 생각할 것이다. 이는 '돈이 곧 행복'이라는 한국인들의 맹목적인 신념이 아이들을 불행하게 만드는 주범임을 증명한다. 그러나 상당수의 한국인들이 그토록 맹렬하게 믿는 돈이 곧 행복이라는 신념에는 현실적, 과학적 근거가 전혀 없다. 병적인 한국사회가 만들어낸 현대판 미신에 불과한 것이다.

마음껏 놀지 못하고 억지로 공부해야 하는 아이는 부모에게 이렇게 물을지도 모른다.

"왜 싫은 공부를 억지로 하라고 해요?"

자신의 미래를 열린 자세로 바라보기를 원하는 아이는 부모에게 이렇게 물을지도 모른다.

"왜 꼭 돈 많이 버는 직업을 구해야 해요?"

이럴 때마다 한국 부모들은 이렇게 대답하곤 한다.

"네가 돈 없는 설움을 몰라서 그런 철없는 말을 하는 거야."

돈 없으면 사람대접 못 받는 사회

'돈 없는 설움'이라는 말만 보아도 알 수 있듯 한국인들에게 경제적인 두려움은 크다. 돈 없는 설움이라는 감정의 정체는 도대체 무엇일까? 피상적이기는 하지만 한국인들 상당수가 정말로 돈이 없으면 굶어 죽을 거라고 믿고 있는 듯 보인다. 일상적으로 '그랬다가는 굶어 죽기 딱 좋다'라는 표현을 남발하는 걸 봐도 그렇다. 그런데 이런 걱정이 아이들에게까지 옮아간 모양이다. 둘째 아들이 내게 이런 이야기를 한 적이 있다. 나중에 소설가가 되는 게 꿈이라고 말했더니 친구들이 하나같이 '그랬다가는 굶어 죽는다'고 외치면서 걱정하더란다.

지금 한국사회에서는 가난하다고 굶어 죽지는 않지만 소위 '사람대접' 못 받기 쉽다. 통속적으로 말하자면 돈 없으면 남들한테 무시당하기 쉬운 사회라는 것이다. 욕먹을 각오를 하고 대학생들에게 일부러 "그렇게 악착같이 스펙 쌓아서 대기업 들어가려 애쓰지 말고 눈높이 낮춰서 취업하면 안 되냐?"라고 물어본 적이 있다. 이 질문에 거의 모든 대학생들이 비슷한 대답을 했다.

"싫어요. 그러면 무시당하면서 살아야 하잖아요."

아르바이트하는 대학생들 대상으로 설문 조사를 한 결과를 보면, 그들이 제일 힘들어하는 것은 저임금이나 장시간 근무가 아니었다. 그들을 함부로 대하는 무례한 고객들이었다. 택배 기사들을 대상으로 한 조사 결과도 마찬가지였다. 그들 역시 함부로 대하는 고객들이 가장 힘들다고 밝혔다. 사람은 다른 이로부터 무시당하는 것을 가장 두려워한다. 부모들의 돈 걱정이 아이들에게로 옮아간 데에는 이유가 있었던 것이다.

내 **자식**이 남에게 **무시**당하며
살게 할 수 없다

　무시당하는 고통만큼 견디기 어려운 고통은 없다. 어릴 때부터 우리는 학교에서 사람은 존엄한 존재이며 서로 존중해야 한다고 배운다. 사람의 존엄이 돈과 비례한다, 곧 돈이 많아야 존엄한 존재라고 배운 적은 없다. 그러나 교과서 속 가르침은 현실과 너무나 다르다. 지금 한국사회는 돈 없는 사람을 존중하지 않는다. 사회로부터 사람다운 처우를 받지 못한다는 것, 존중받지 못한다는 것은 곧 더 이상 사회로부터 수용되거나 사랑받지 못하는 존재가 되었음을 의미한다.

　과연 사람에게 이 이상의 고통이 있을 수 있을까? 설사 밥을 굶는 한이 있더라도 세상의 인정과 존중을 필요로 하는 것이 바로 사람이다. 그런데 이것이 좌절되는 순간 사람은 막다른 길을 선택하기도 한다.

한때 세상을 떠들썩하게 만들었던 송파 세 모녀 자살 사건을 떠올려보자. 어머니가 두 딸과 동반 자살한 이유는 무엇이었을까? 그저 돈 한 푼 없어 굶어 죽을 절박한 위기에 몰렸기 때문이었을까? 그녀가 자살을 선택한 이유는 돈 없이 구차하게 살아야 하는 상황, 사람답게 존중받지 못하는 끔찍한 상황을 견딜 수 없어서였을 것이다. 두 딸을 데리고 자살한 이유 역시 마찬가지였을 것이다. 딸들이 사람답게 사랑받으며 살지 못하리라는 우울한 확신 말이다.

차라리 어릴 때 불행한 편이 낫다

사람이란 결국 사랑하면서 살아야 하는 존재이다. 타인을 사랑하고 타인으로부터 사랑받기를 바라며 그렇게 살아야만 비로소 행복해진다. 그런데 돈 없는 사람은 자격 미달자이고 소위 말하는 '루저', 패자로 분류된다. 돈이 없으면 감히 타인을 사랑할 수 없으며, 사랑받을 수도 없는 것이 한국의 비참한 현실이다. 이런 현실은 가난이 사람에게 가장 소중한 것을 포기하게 만든다는 공포를 유발한다.

돈 없는 설움이란 바로 이런 것이다. 사회로부터 배척당하거나 추방당할지 모른다는 공포, 즉 사회적 유기 공포와 맞닿아 있는 감정이다. 이런 공포가 얼마나 견뎌내기 어려운지 잘 알고 있는 만큼, 부모들 역시 자식이 성인이 되었을 때 돈이 없으면 불행해질 수밖에 없다고 굳게 믿고 만다.

돈이 없으면 무시당하며 살아야 하는데 어떻게 행복할 수 있을까? 이런 까닭에 한국 부모들은 차라리 자식들에게서 어린 시절의 자유와 행복을 빼앗는 것이 낫다고 생각한다. 부모들이 교육지책으로 아이에게 현재의 불행을 강요하는 이유가 바로 여기에 있다.

신자유주의가 부정적으로 바꿔놓은 것

　어쩌다 한국인은 돈 없으면 무시당한다는 공포에 극도로 취약해지고 민감해졌을까? 과거에도 경제력과 권력이 비례하는 경우는 늘 있었다. 봉건제 왕족이나 귀족은 평민을 무시했고, 지주는 소작인을 무시했다. 부자가 가난한 사람들을 무시하는 일이 하루 이틀 있었던 것도 아닌데, 왜 한국인들은 이런 공포에 몸서리를 치게 되었을까?

　사실 이런 공포는 소수의 부자들이 다수의 보통 사람들을 무시할 때 생기는 감정과 성격이 다르다. 가령 우리는 어떤 재벌 총수가 보통 사람을 무시했다는 말을 들어도 큰 타격을 입지 않는다. 재벌 총수의 행동 때문에 모진 일을 당하는 경우를 제외한다면, 보통 사람들끼리 사이좋게 어울려 사는 가운데 무시당하는 공포를 피할 수 있고 어느 정도는 방어하고 치유도 할 수 있다.

그런데 보통 사람들이 서로를 무시한다면 어떨까? 이럴 경우 무시당하는 상황에 대한 공포는 불가피해진다. 재벌 총수와 달리 보통 사람들은 같은 울타리 안에 있다. 학교나 직장에서, 동창회나 각종 모임에서, 심지어 길을 걸어가면서도 늘 부딪치기 마련이다. 이렇게 일상적으로 마주치는 사람들이 서로 무시하는 장면을 목격하거나, 실제로 그런 경험을 하게 된다면? 주변 사람, 나아가 세상 사람 모두가 나를 무시할지도 모른다고 생각하게 된다. 이런 불안이 똬리를 틀면서 아이와의 관계까지 영향을 미치는 것이다.

함께 사는 공동체 문화가 사라지다

보통 사람들끼리 무시하는 현상은 1990년대 IMF 경제 위기를 매개로 신자유주의가 본격 도입될 무렵부터 보편화되었다. 드라마 〈응답하라! 1988〉은 공동체가 붕괴되기 이전 한국사회의 한 단면을 보여준다. 이 드라마가 그리는 1980년대 동네 사람들의 관계는 오늘날과 엄청나게 다르다.

이 동네 사람들은 마치 한 가족처럼 가깝게 지낸다. 어느 집

딸아이가 88올림픽에 피켓걸로 발탁되자 VCR이 있던 부자 이웃은 그 아이가 나오는 장면을 녹화해주고, 다른 동네 사람들은 TV 앞에 앉아있다가 그 아이의 얼굴이 화면에 나오는 순간 일제히 환호성을 지른다. 시골 마을에서 명문대나 고시 합격생이 나오면 온 마을 사람들이 진심으로 축하해주며 잔치를 벌이던 옛 풍경을 연상시키는 장면이다.

과거에는 대부분의 동네에서 부잣집과 가난한 집이 구분 없이 섞여있었다. 그러나 부잣집 사람이 이웃이 가난하다고 무시하는 일은 흔치 않았다. 반대 경우도 그랬다. 빈부 차이와 상관없이 한 가족처럼 편하게 서로의 집을 드나들고 어려울 때는 도와주며 살아갔다. 1980년대까지만 해도 이런 동네가 그렇지 않은 동네보다 더 많았다. 그러나 신자유주의가 한국을 휩쓸고 지나가며 공동체 문화를 붕괴시키자 평범한 사람들이 별것도 아닌 차이를 비교하고 서로를 무시하는 풍조가 퍼지기 시작했다.

타인을 학대하는 심리의 이면에는…

　내가 전작 《싸우는 심리학》에서 언급했듯이, 한국인들의 심리와 관계가 이렇게 변하게 된 가장 큰 이유는 권위주의적 성격과 시장지향적 성격의 대중화에 있다. 단순하게 말하자면 권위주의적 성격이란 강자에게 비굴하고 약자에게 잔인한 성품을 가리킨다. 무력감에 기초하는 일종의 병리적 성격이기도 하다. 무력감이 심한 사람은 강자를 대하면 그 힘에 곧바로 굴복하고 숭배하기까지 한다. 반대로 약자를 대하면 자신의 무력감을 보상받거나 부정하기 위해 힘을 과시하려는 충동에 휩싸인다. 이때 힘을 과시하기에 가장 좋은 수단은 타인을 학대하는 것이다.

권위주의적 성격과 시장지향적 성격

한국인들이 사상의 자유를 비롯해 인간으로서 마땅히 누려야 할 기본적인 권리를 박탈당한 채 살아온 세월은 무려 70여 년에 달한다. 긴 세월 동안 누적되었던 무력감은 IMF 경제 위기를 거치면서 한층 심각해졌고 이때부터 한국사회는 권위주의적 성격을 양산하기 시작했다. 한국사회에서 갈수록 소수자나 약자들에게 배타적인 성향이 강해지는 것은 이와 밀접한 관련이 있다.

자기 자신을 포함하여 모든 사람을 상품으로 간주하는 시장지향적 성격 또한 마찬가지다. 시장지향적 성격은 인간적인 관계가 아니라 상품 간의 교환 관계를 유발한다. 교환 관계가 형성되려면 등가 교환을 위해서 서로의 상품 가치를 평가해야 한다. 등가 교환에서는 동일한 가치를 가진 상품끼리 맞교환한다. 예를 들어 10만 원짜리 스마트폰을 1만 원짜리 시계 10개와 교환하는 것이다. 상품 간의 교환 관계는 상품 가치를 평가하는 것이 먼저이므로 시장지향적 성격자는 타인을 대할 때 그들의 상품 가치부터 평가한 후 자신의 상품 가치와 비교한다. 이런 심리적 특성이 고착되면 끊임없이 사람 간의 상품 가치를 비교하면서 살아가게 된다.

한국은 70~80년대를 거치면서 본격적인 자본주의 사회로

진입했다. 이때까지만 해도 각종 공동체가 유지되고 있었고 시장지향적 성격이 대중화되지 못했다. 그러나 90년대를 지나며 신자유주의 체제로 전환되자 변화가 일어났다. 공동체 내부까지 개인주의적 경쟁이 강요되면서 공동체가 전면적으로 와해되었고 시장지향적 성격이 대중화되기 시작했다. 이후 권위주의적 성격과 시장지향적 성격이 결합되기에 이르렀다. 사람들이 서로 비교하면서 저울질하고 그 결과에 따라 자기보다 비싼 사람(강자)에게는 비굴해지고 자기보다 값싼 사람(약자)에게는 거만해지는 풍조가 널리 확산된 것이다.

보통 사람들이 서로를 무시하는 풍조는 아이들에게까지 영향을 미쳤다. 놀이 전문가들은 한국사회에서 아이들의 놀이가 급변한 분기점을 1997년 외환 위기로 지목하며, 이 시기부터 '아이들은 집이나 학원에서 공부만 했고, 성적 경쟁은 치열해졌다'[18]고 지적한다. 이런 세태를 고려했을 때 한국인들이 무시당하는 공포에서 벗어나려면 돈이 필요하다고 생각하게 된 것도 당연하다. 무시당하는 공포로부터 벗어나야 한다는 압박감 속에서 살게 된 것, 내 자식만큼은 이런 공포를 겪지 않도록 만들겠다는 결심을 하게 된 것은 바로 이 때문이다.

---

18 송현숙 외, 《놀이터의 기적》, 2015, 씨앗을 뿌리는 사람, 141쪽

행복에 대한 착각에 사로잡힌 부모들

오늘날 대부분의 한국인들은 돈이 부족해서 자신이 불행하다고 믿는다. 내 자식도 같은 이유로 불행해질 거라고 걱정한다. 물론 지금 우리 사회에서 종종 돈이 불행의 원인이 되는 건 사실이다. 하지만 정말 돈이 많으면 행복해질 수 있을까? 진짜 문제는 여기에 있다.

전 세계 여러 곳에서, 여러 시기에 걸쳐 행복에 가장 큰 영향을 미치는 요인을 찾아내기 위한 심리학적 연구들이 진행되었다. 그런데 이 모든 연구들은 돈이 행복에 영향을 거의 미치지 않는다는 공통된 결론을 내리고 있다. 한마디로 돈과 행복은 전혀 비례 관계가 아니라는 것이다. 행복에 관한 여러 저서를 집필한 심리학자 조너선 헤이트는 다음과 같이 한탄했다.

"부 자체가 행복에 미치는 직접적인 영향력은 아주 적다. (중략) 예를 들어, 산업화된 여러 나라에서 지난 50년 동안 부의 수준이 두세 배 높아졌음에도 사람들의 행복 수준과 삶의 만족 수준은 변하지 않았고, 오히려 우울증만 더 흔해졌다."

이런 연구 결과는 행복에 관한 심리학 서적들을 읽어보면 누구라도 쉽게 접할 수 있다. 아니, 조금만 깊이 생각해봐도 돈이 행복이 아니라는 것쯤은 누구나 알 수 있다. 그럼에도 한국인들은 좀처럼 미련을 버리지 못한다. "아무리 그래도 가난한 것보다 돈을 많이 버는 게 더 행복하겠지"라고 생각하는 것이다. 그러나 최근 각종 통계 자료들은 기본적인 생활을 충족하기 위해 돈이 필요하긴 하지만, 그 이상을 누리고 있는 부자가 오히려 더 불행할 수도 있다는 점을 강력히 시사한다.

승자의 자살률이 높아지는 현상

한국인들의 자살률이 높다는 것은 익히 알려진 사실이다. 그런데 최근 소득 상위 10%에 해당하는 부유층의 자살 시도가 큰 폭으로 증가했다는 점이 눈에 띈다. 2011년 발표된 국민건강보험공단의 〈자살 시도자 건강보험 급여제공 현황〉이라는 자료에 의하면, 상위 10% 소득계층의 자살 시도 건수는 지난해 기준 357건으로 전년(320건) 대비 11.6%, 2008년(293건) 대비 21.8%나 증가했다. 더욱이 전년 대비 증가율이 상승한 소득계층은 최고 소득층인 상위 10% 소득계층이 유일했다.[19] 간단히 말해 전체 한국인들의 자살 시도 증가폭은 정체 상태에 있는 반면, 부자들의 자살 시도는 급증한 것이다. 이것은 소득 수준과 삶의 만족도가 반드시 비례하지 않는다는 것을 뜻한다.

이런 예측은 고학력 전문직, 관리직의 자살자 수가 최근 10년 사이에 6배나 증가한 사실을 통해서도 확인할 수 있다. 통계청의 자살 현황(1997~2013년) 자료에 의하면 고학력 전문직, 관리직 이외의 직업별 자살자 비율은 농림어업을 제외하면 대체로 해마다 1% 안팎의 비율로 증감했다. 그러나 지난 10년 사이에 전문직, 관리직의 자살자가 전체 자살자에서 차지하는 비율은 5배 가까이 증가했는데, 다른 직종에 비교해볼 때 증가폭이 월등히 높았다.

이를테면 고위 공무원과 기업체 간부, 임원 등 관리직의 경우 2004년에는 42명이 자살했으나 2013년에는 무려 414명이 자살했다. 이는 거의 10배에 달하는 증가율로, 이들이 전체 자살자에서 차지하는 비율도 0.4%에서 2.9%로 무려 7배나 증가

19 국민건강보험공단, 〈자살 시도자 건강보험 급여제공 현황〉, 2011년 9월 26일

했다. 교수, 의사, 회계사 등 전문직의 경우 2004년에는 137명이 자살했으나 2013년에는 685명이나 자살했다. 약 5배에 달하는 증가율로 이들이 전체 자살자에서 차지하는 비율은 1.2%에서 4.7%로, 4배나 증가했다. 한국사회에서 고학력 전문직, 관리직은 대체로 성공하고 출세한 고소득층을 의미한다. 치열한 생존 경쟁에서 마침내 부를 거머쥐게 된 승자인 셈이다. 그런데 이들의 자살률은 도리어 급증하고 있다. 왜 이런 현상이 나타나는 것일까?

좋은 **차**로 바꾸면 **인정**받을 수 있을까?

부자라는 이유로 무조건 행복해질 수는 없다. 이유는 무엇일까?

첫째, 돈을 아무리 많이 벌어도 무시당하는 공포에서는 벗어날 수가 없다. 사람들은 흔히 이렇게 믿는다. '어느 정도 돈을 벌어서 중상류층 이상이 되면 무시당할 일 없겠지.'

하지만 과연 그럴까? 정원 40명인 반에서 37등이라 무시당하는 아이가 있다고 해보자. 이 아이가 공부를 열심히 해서 3등을 하면 더 이상 남과 비교할 일이 없을까? 안타깝게도 답은 '아니다'이다. 자기보다 공부 잘하는 아이들이 두 명이나 있기 때문이다. 사람은 자기보다 못한 쪽과 비교하면서 살지 않는다.

우리는 늘 자기보다 나은 사람, 최소한 자기와 비슷한 수준의 사람들과 자신을 비교하기 마련이다. 자기보다 못하거나 어려운 사람과의 비교가 일반적이라면 모든 한국인들은 행복해야 한다. 가난한 아프리카 사람들을 보면 자신이 밥을 굶지 않는다는 사실만으로도 행복할 수 있기 때문이다. 하지만 우리의 비교 대상은 늘 나보다 더 나은 처지에 있는 다른 한국인들이 된다.

비교가 불러오는 스트레스

내 친구 하나는 틈만 나면 강남에 있는 집을 사고 싶다고 말하곤 했다. 한국에서는 "어디 사세요?"라는 질문에 "강남이요"라고 대답하는 것만으로도 상류층 대접을 받는다. 하지만 내가 아는 그의 성품으로 미루어볼 때, 그는 남들한테 잘난 체하면서 살고 싶다기보다 그저 무시의 공포에서 벗어나고 싶은 마음이 컸던 것 같다. 마침내 친구는 평생 모아왔던 돈을 과감히 투자해 강남에 집을 샀고 몹시 기뻐했다. 그런데 몇 달 후 그가 외제차를 몰고 친구들 모임에 나타났다. 얼마 전 국산 대형차를 샀다는 걸 알고 있던 한 친구가 왜 멀쩡한 국산차를 외제차로 바꿨냐고 농을 하며 묻자 그는 정색하며 대답했다.

"말도 마라. 내가 사는 동네에는 국산차를 타고 다니는 사람이 한 명도 없더라. 어떻게든 버텨보려고 했는데, 아들놈이 사람들 눈에 띈다고 창피하다면서 자꾸 바꾸자고 조르지 뭐야."

강남에 집을 샀을 당시만 해도 친구는 더 이상 무시당할 걱정 없이 살 수 있다고 믿었을 것이다. 그러나 오산이었다. 국산차 때문에 그에게는 또 다른 걱정이 생겼다. 국산차를 외제차로 바꿨으니 이제 괜찮을까? 그렇지 않을 것이다. 계속해서 무수한 것들을 바꾼다 한들 비교는 끝나지 않을 것이다. 아니나 다를까, 시간이 꽤 지난 후 그를 만났는데 또다시 차를 바꿔야 할 것 같다고 말했다. 자기가 산 외제차가 외제차 중에서도 가장 하등급이라는 이유였다.

상류층으로 올라갈수록 서로를 비교하고 사소한 차이로 무시하는 경향은 심하다. 중상류층이 되면 이런 공포와 불안에서 해방될 거라는 기대는 어리석은 착각에 불과하다. 이미 한국사회에서 상류층으로 사는 사람들은 아마 무의식적으로 알고 있을지도 모른다. 비교가 불러오는 불행에는 결코 끝이 없다는 사실을.

돈을 아무리 벌어도 불안은 가시지 않는다

부자가 되어도 행복해지기 어려운 두 번째 이유는 이렇다. 높은 수입이 고독을 초래하는 경우가 많기 때문이다. 현재 우리 사회는 경쟁을 최고의 미덕으로 삼는다. 가까운 이들부터 경쟁상대로 보고 무조건 이겨야 한다고 생각한다. 엄마가 집에 들어와 보니, 다음날이 수학 시험인데 지난 시험에서 80점이었던 아들이 친구와 같이 공부하고 있다. 무슨 일인가 의아해하는 엄마에게 아들이 말한다.

"저 녀석이 지난 수학 시험에서 30점밖에 못 받아서요. 제가 좀 가르쳐주려고 데려왔어요."

만일 80년대 한국이었다면 엄마들은 대체로 이렇게 반응했을 것이다.

"착한 우리 아들, 친구도 도와줄 줄 알고. 엄마가 맛있는 것 해줄게."

그러나 지금은 인상을 쓰며 이렇게 말하는 엄마들이 적지 않다.

"수학 80점짜리가 남을 가르친다고? 너나 잘해."

요즘에는 아이들이 뒤떨어지는 친구, 어려운 친구를 배려하거나 도와주면 부모한테 칭찬보다 꾸지람을 듣는 경우가 많다. 내 첫째 아들은 초등학교 시절 왕따당하는 친구를 도와주고 가깝게 지내다가 학교생활에서 한바탕 곤란을 겪었다. 사실 이것이 한국의 현실이다. 자식이 남을 도와주는 모습을 보고 부모가 잔소리를 하는 이유는 다른 데 있지 않다. 남을 돕다 보면 자기 공부나 학교생활에 지장을 받을 테니 결국 내 아이에게 해가 될까 봐 걱정이 되어서다. 일류 대학에 진학하려면 최대한 친구와 멀리 떨어져 잇속부터 챙겨야 한다. 이런 관점에서는 경제적으로 어려운 이웃들이나 사회적 약자들 역시 도와줄 필요 없다. 경쟁에서 실패한 이들이기 때문이다.

부자가 되기를 바라는 한국인들은 대부분 자기 잇속부터 챙기는 개인이기주의적인 인생을 살고 있다. 성공하고 출세해서 부자가 된 사람들 역시 그런 삶을 추구하는 경우가 많다. 개인이기주의적 인생이 초래하는 가장 큰 슬픔 혹은 비극은 고독이다. 성공과 출세를 향해서 줄달음치는 사람 주변에는 떡고물을 기대하는 아첨꾼은 바글댈지 몰라도 진정한 친구는 없다. 물론 일거양득으로 돈과 진정한 친구 모두 많다면 좋겠지만, 현실에서는 돈과 가까워질수록 사람과는 멀어진다.

셋째, 돈을 많이 벌면서 사는 인생은 행복과 별 관련이 없다. 자아실현 같은 목적을 실현하기 위해서 돈을 벌고자 한다면 그 과정에서도 얼마든지 행복을 체험할 수 있다. 하지만 그 목적이 그저 무시에서 벗어나는 것이라면, 이는 행복은커녕 고단함만 안겨줄 뿐이다. 돈을 욕망하는 또 다른 이유는 막막한 미래에 대한 불안 때문이기도 한데, 이 역시 심리적 결과는 동일하다.

집단적인 애정 결핍의 시대

부자들이 화려한 명품들을 구입하는 이유는 물질욕 혹은 소유욕보다 인정과 존중에 대한 욕구에서 비롯되는 경우가 많다. 명품으로 치장하고 자랑하길 좋아하는 부자가 있다고 해보자. 그가 온몸을 명품으로 휘감은 채 길에 나섰는데 마침 저 앞에 개가 지나가고 있다. 부자가 개한테 자기 모습을 보여주면서 과시하면 기분이 좋아질까? 아니다. 동물이 아닌 사람한테 자랑해야 기분이 좋을 것이고, 특히 자기를 보고 부러워하면 더 좋아할 것이다. 부자가 정말로 원하는 것은 명품이 아니라 타인의 관심이나 감탄이기 때문이다.

부자도 사람인 이상 남들이 자기한테 관심을 갖고 봐주기를 바란다. 더 나아가 그는 사람들이 자기를 부러워하거나 우러러

보기를 바랄지도 모른다. 한마디로 부자이든 아니든 사람은 누구나 타인으로부터 관심과 존중을 받고 싶어 한다. 이는 심리학적으로 볼 때 사랑받고 싶은 욕구와 동일하며, 동시에 안타깝게도 자기한테 권력이나 부가 없으면 사람들이 자기를 쳐다보지도 않을 거라고 믿고 있다는 뜻이기도 하다. 그리하여 다른 이들이 자기 몸에 걸친 명품을 부러운 시선으로 바라보는 것을 사랑과 관심으로 착각하고 더욱더 명품에 집착하게 된다.

자기 확신이 사라진 세상

존재만으로 사랑받을 수 있다는 확신이 있는 사람은 권력이나 부를 필요로 하지 않는다. 반면 이러한 확신이 없는 사람은 권력이나 부의 상실을 곧 관심의 상실, 세상으로부터 버림받는 것으로 받아들인다. 어쩌면 이들은 내면에서 자기 자신을 아주 볼품없는 존재로 여기며 사랑을 잃을까 봐 전전긍긍하는 가련한 사람일지도 모른다. 돈 많이 벌어서 떵떵거리며 살고 싶다는 소망 역시 같은 맥락에 있다.

오늘날 한국사회는 사람들이 사랑을 주고받으면서 살아갈 수 없는 비정한 모습이 강해지고 있다. 그 결과 가장 중요하고 원초적 욕구라고 할 수 있는 사랑의 욕구를 실현하지 못하고 있다. 집단적인 애정 결핍 상태로 인해 괴로워하고 있는 셈이다. 사랑을 주고받는 것은 인간의 본성적 욕구 중에서도 가장 기본적인 욕구이다. 따라서 이것이 충족되지 않으면 사람은 절대 행복해질 수 없다.

행복했던 기억은 무의식 속에 살아있다

우리는 이제 어떻게 행복해질 수 있을까? 행복해지는 방법을 논하기 전에 어쩌면 여러분도 한번쯤 들어봤을 가슴 아픈 이야기를 하나 소개해볼까 한다. 한 청년이 있었다. 청년이 어릴 때부터 그의 어머니는 공부를 심하게 강요했다. 어머니는 아들의 성적이 떨어지면 주저 않고 매를 들었다. 어린 시절 그는 어머니의 매가 무서워서, 어머니의 사랑을 잃을까 봐 두려워서 열심히 공부했다. 하지만 그런 환경에서 청년의 마음이 건강할 수가 없었다. 그는 날이 갈수록 우울해졌고 경미한 대인공포증까지 생기고 말았다.

고등학교까지 성적은 상당히 우수했지만 그의 정신 건강은 나날이 악화되었다. 대학 진학을 앞둔 무렵, 상태가 꽤 심각해

져서 기대했던 만큼 수능 성적이 나오지 않았다. 재수까지 했는데도 바라던 명문대에 진학하지 못했다. 그러자 어머니는 청년에게 명문대에 진학하지 못했으니 남들보다 몇 배 더 열심히 공부해 꼭 대기업에 입사하라고 닦달했다.

대학생이 된 후 청년은 어머니에게 너무 힘들다고 하소연했다. 그러나 어머니는 아들을 설득했다.

"네가 많이 힘들어하는 줄 알고 있어. 하지만 대기업에 입사만 하면 모든 고생은 끝이야. 그때부터 장밋빛 인생이 펼쳐질 테니까 조금만 참으렴."

청년은 이를 악물고 공부해서 성적을 우수하게 관리하며 각종 스펙을 쌓았고, 그 덕분인지 졸업 2년 만에 대기업 입사에 성공했다. 그러나 직장을 다니기 시작한 지 몇 달 뒤 그는 이런 말을 남기고 목숨을 끊었다.

"지금까지 내 삶은 충분히 힘들었습니다. 드디어 대기업에 입사했지만 아무것도 달라지지 않았습니다. 앞으로 무엇을 더 기대할 수 있을까요?"

시련과 좌절을 딛고 일어설 힘은 어디서 나올까?

어릴 때부터 있었던 청년의 심리적 상처는 대학 시절 우울증과 대인공포증 진단을 받을 정도로 악화되었다. 취업 준비생 시절 그는 집 밖에 나가 사람들과 만나는 것을 매우 두려워했다. 실업자인 자기를 무시하는 것 같다며 한사코 밖에 나가지 않으려 했다. 그의 공포는 대기업에 입사하면서 말끔히 치유되었을까? 취직하고 얼마 후 그는 직장을 그만두고 싶어 했다. 동료들이 자기를 무시하는 것 같다면서 출근도 하지 않으려 했다.

대기업에 입사했지만 고통은 사라지지 않았다. 어머니가 말했던 장밋빛 인생도 오지 않았다. 자기에게 남은 것은 오직 자살뿐이라고 생각했다고 해서 과연 그를 탓할 수 있을까? 청년의 사례는 성인이 될 때까지 행복을 모른 채 자라나는 젊은 세대의 모습, 자기도 모르게 자식을 깊은 불행으로 몰아가는 부모 세대의 모습을 잘 보여주고 있다.

시련과 좌절을 딛고 일어설 힘은 어디에서 나올까? 나는 그런 힘 가운데 하나가 '행복했던 날들에 대한 기억'이라고 생각한다. 아무런 걱정 없이 자유롭게 뛰어놀 때 아이는 행복을 체험한다. 이런 유년기에 관한 기억은 의식에서 대부분 잊혀지지만, 무의식 속에 여전히 살아남는다. 그래서 힘들고 어려울 때마다 '지금 힘들어도 잘 극복하면 더 좋은 시절이 올 거야'라고 속삭여준다.

단 한 번도 맛보지 못했던 음식의 맛을 상상하기란 불가능하다. 마찬가지로 단 한 번도 행복을 맛보지 못한 사람이 행복이 무엇인지 상상하기란 어렵다. 미래에 자기가 행복해질 수 있을 거라고 기대하기는 더욱 힘들다. 행복을 경험했던 시절이 있어야 힘들 때에 '더 좋은 시절', '더 좋은 상황'을 떠올리고 미래를 낙관할 수 있는 것이다.

대기업 입사만 하면 단번에 행복해질 거라는 맹목적인 믿음은 청년의 인생을 겨우 지탱해주었다. 그러나 입사 후에도 그는 행복해지지 않았다. 이때의 정신적 충격은 얼마나 컸을까? 평생 동안 불행한 삶을 살아왔던 청년이 현재의 시련을 극복하면 미래에 행복이 올 거라고 믿을 수 있었을까? 더욱 슬픈 사실은, 한국사회에서 이 청년과 같은 젊은이들이 점점 늘어나고 있다는 것이다.

부모와 아이가 모두 행복해지는 길

맹목적인 경쟁만을 우선시하는 방법으로는 절대로 이 불행의 늪에서 빠져나올 수 없다. 과연 이 문제를 어떻게 해결해야 할까? 어떻게 해야 부모와 아이 모두 행복해질 수 있을까? 이 질문에 대한 올바른 답을 찾으려면 먼저 무엇이 인간을 행복하게 하는가를 알아야 한다.

나의 학창 시절에는 요즘처럼 급식이 보편화되지 않아 점심 시간이면 친구들과 함께 도시락을 먹었다. 친한 친구들 혹은 앞뒷자리 친구들끼리 책상을 한데 붙여놓고 도시락 반찬을 모아 네 것 내 것 할 것 없이 사이좋게 나눠먹곤 했다. 그 당시 같은 반이라도 친구들 사이의 빈부 격차는 꽤 심한 편이었는데, 도시락 반찬부터 차이가 있었다. 밥 위에다 계란프라이를 얹고

소시지나 불고기 반찬을 싸오는 아이들도 있었지만, 꽁보리밥에 김치 혹은 고추장 하나만 달랑 싸오던 아이들도 많았다. 하지만 그렇다고 꽁보리밥에 김치만 싸오는 친구를 왕따시키는 일 따위는 없었다. 불고기 반찬이든 김치 반찬이든 다 같이 나눠먹었기 때문이다.

요즘 같은 때 반 아이들마다 도시락에서 차이가 난다면 어떤 일이 벌어질까? 아마 꽁보리밥에 고추장만 싸온 아이는 놀림을 받거나 왕따를 당할 가능성이 높을 것이다.

가난했던 옛날로 돌아가자는 말이 아니다

안타깝게도 결코 과장된 걱정은 아니다. 한창 10대인 우리 첫째 아들의 경우만 보더라도 알 수 있다. 초등학교 때만 해도 유명 브랜드 상품에는 전혀 관심 없던 녀석이 중학교에 진학하더니 이른바 '노페(노스페이스)'를 사달라고 졸랐다. 왜 꼭 그걸 사야 하느냐고 물으니 친구들이 '노페도 없냐? 거지 새끼'라고 놀리면서 괴롭힌다고 털어놓았다. 나는 할 수 없이 일단 노페를 사주었다. 그런데 이틀 정도 노페를 입고 학교에 가더니 갑자기 입지 않겠다고 했다. 기껏 사줬더니 왜 그러느냐고 묻자 아들은 자기가 입는 노페가 하급 노페라는 이유로 친구들이 여전히 놀린다고 했다. 그걸 입든 입지 않든 놀림받기는 마찬가지이므로 차라리 입지 않겠다는 말이었다.

꽁보리밥에 김치만 싸와도 밥동무로 품어주던 옛날의 중학생들이 과거의 모습을 비춰주는 거울이었다면 지금의 한국사회는 어떨까? 입는 옷에 따라 친구들을 차별하고 조롱하는 중학생 아이들이 보여주는 우리 사회 모습은……. 과거보다 사는 형편이 좋아졌다 해도 현재 아이들이 더 힘든 시절을 보내고 있다는 것은 아무리 철이 없어도 알 수 있을 것이다.

내가 강의에 나가 이런 이야기를 하면 어떤 이들은 가난했던 시절에는 지금은 모를 슬픔과 불행이 있었다며 과거를 미화하지 말라고 따지기도 한다. 하지만 나는 결코 과거의 한국사회가 이상적이라고 말하려는 것이 아니다. 단지 인간관계에서 비롯되는 행복을 기준으로 보면 과거 사람들의 마음 씀씀이가 지금보다 넉넉했다는 말을 하고 싶을 뿐이다.

예전에 한 TV 방송 프로그램에 출연했다가 한국에서 오랫동안 살아온 외국인을 만날 기회가 있었다. 겉보기에는 외국인이지만 어릴 때부터 우리나라에서 살면서 능숙하게 사투리까지 구사해 한국인이나 마찬가지였다. 그는 대화 도중 비록 가난하기는 했지만 예전 한국사회가 지금보다 더 살기 좋았다고 주장했다. 그에게 이유를 물었더니 교회의 기부 문화를 하나의 근거로 들었다. 너나없이 가난했기에 헌금이 많이 들어오지 않앉던 옛 시절의 교회들이 헌금이 풍족한 현재 교회들보다 불우 이웃을 위해 훨씬 더 많이 기부했다며, 이것 하나만 보더라도 한국사회가 물질적으로는 매우 풍요로워졌지만 인심은 사나워 졌다는 것을 알 수 있다고 했다.

물론 콩 한 쪽이라도 나눠먹어야 하는 가난한 사회보다는 배 불리 먹을 수 있는 사회가 더 살기 좋다. 하지만 아무리 풍족하 게 먹을 수 있다 한들 서로를 적대시하는 사회라면 과연 어느 쪽이 더 행복한 곳일까? 다시 한 번 말하지만 과거로 돌아가야 한다는 말이 아니다. 모두가 풍족하게 먹고살 수 있을 뿐만 아 니라 서로를 존중하는 화목한 사회로 나아가자는 것이다. 아이 와 부모 모두의 행복은 그런 사회에서 양립할 수 있을지도 모 른다.

덴마크인들이 행복한 까닭

행복의 전제 조건이 인간관계에 있다는 견해는 여러 심리학 연구에 의해서 반복적으로 검증된 바 있다. 이미 여러 차례 언급했지만 행복에 관한 여러 연구 결과에서 돈이 행복에 거의 영향을 미치지 않는다는 점이 입증되었다. 그렇다면 행복에 가장 큰 영향을 미치는 요인, 곧 행복을 좌우하는 요인은 무엇일까? 그것은 바로 관계, 공동체다.

어쩌면 지극히 당연한 사실이라고 할 수 있다. 사람은 동물과는 달리 오직 관계 속에서 살아가고 발전할 수 있는 사회적 존재이기 때문이다. 다시 말해 건강한 관계, 건강한 공동체는 사람들을 행복하게 해주지만 병적인 관계나 공동체는 사람들을 불행하게 만든다. 관계와 공동체가 사람의 행복을 좌우한다는 사실이 틀리지 않다면 어떨까? 행복과 인간관계는 서로 비례하므로 행복지수가 낮은 나라일수록 사람들 사이의 관계는 나쁠 것이고, 행복지수가 높은 나라일수록 사람들 사이의 관계는 좋을 것이다.

건강한 관계, 건강한 공동체

덴마크는 유엔이 발표하는 〈세계 행복지수 보고서〉에서 2012년과 2013년 연속으로 조사 대상 156개국 가운데 행복한 나라 1위를 차지했다. 세계에서 가장 행복한 나라라고 해도 과언이 아닌 셈이다. 그런데 정말 덴마크에서는 사람들 사이의 관계가 좋기 때문에 행복지수도 높은 것일까? 덴마크와 한국의 삶의 질을 비교한 다음 표를 보면, 덴마크인들이 행복한 가장 큰 이유가 관계에 있음을 금방 알 수 있다.

일과 생활의 균형이 9.8점, 삶의 만족도가 9.4점인 것은 덴마크인들이 행복하게 살고 있음을 잘 보여준다. 반면 소득은 겨우 4.0점밖에 되지 않는 것을 보면 덴마크인들이 행복한 까닭은 소득 수준 때문은 아닌 것 같다. 물론 한국의 2.3점보다는 높은 수치이다. 하지만 상대적으로 높은 점수를 받은 다른 항목들에 비해 유독 박한 평가임은 분명하다. 이는 덴마크인들

한국		덴마크와 한국사회 삶의 질 비교(단위: 점)		덴마크
5.9		주택		6.2
2.3		소득		4.0
7.6		일자리		8.0
3.1		지역사회 유대		10.0
5.3		환경		9.0
7.5		시민 참여		7.1
5.0		건강		7.4
4.2		삶의 만족도		9.4
9.5		치안		8.8
4.2		일·생활균형		9.8

* 점수는 10점 만점 중 평가 점수로 높을수록 긍정적 평가
자료: OECD, 〈더 나은 삶의 지수Better Life Index 20년〉

스스로가 소득 수준이 높지 않다고 생각하고 있음을 의미한다.

그럼에도 덴마크인들은 행복하다고 말한다. 그 비결은 과연 어디에 있을까? '지역사회 유대'라는 항목이 10점으로 평가된 것을 보면 알 수 있다. 이는 덴마크의 지역 공동체 내에서 인간 관계가 매우 좋다는 것을 단적으로 드러낸다. 결국 덴마크인들이 행복한 이유는 돈이 아닌 관계에 숨어있는 셈이다.

어떤 **직업**에 종사하든 **무시**당하지 않는다면

덴마크에서 인간관계가 좋은 이유는 무엇일까? 가장 큰 이유는 소득이다. 덴마크에서는 직업에 따른 소득 격차가 크지 않다. 택시 운전을 하든 병원 의사가 되든 크게 다르지 않다. 그렇다면 누가 병원 의사가 되려고 할까? 의술로 사람들에게 봉사하려는 마음이 있는 사람이 의사가 되고자 할 것이다. 육체 노동자와 대학 교수의 소득 역시 마찬가지이다. 그렇다면 누가 대학 교수가 되려고 할까? 학문과 교육에 뜻이 있는 사람이 대학 교수가 되고자 할 것이다.

반면 한국에서는 돈을 많이 벌 수 있는 직업이라는 이유로 의사나 대학 교수가 되려고 하는 사람들이 많다. 이처럼 직업 간의 소득 격차가 현격하게 벌어지면 사람들은 자기가 원하는 일을 하려고 하기보다 돈을 많이 벌 수 있는 일을 선택하게 된다. 따라서 직업 만족도 역시 낮을 수밖에 없다. 그러나 덴마크처럼 소득 격차가 크지 않으면 돈이 되는 일이 아니라 자기가 원하는 일 혹은 의미 있는 일을 선택하는 경향이 강해진다. 이럴 경우 자연히 직업 만족도나 삶의 만족도까지 따라 올라간다. 덴마크의 한 공무원은 이렇게 말하기도 했다.

"덴마크가 행복지수 조사에서 세계 1위인 이유 중 하나는 어떤 일이 있어도 일정한 기본소득이 보장되기 때문입니다. 덴마크인들은 밥벌이를 위해 하기 싫은 일을 억지로 하지 않아요."[20]

다양한 직업을 가진 사람들이 어울리는 마을

직업 간 소득 격차가 크지 않으면 돈으로 사람을 평가하고 차별하는 경향도 사라진다. 한국에서는 소득 격차로 인해 직업에 근거해 사람을 평가하는 경향이 강하다. 예를 들어 종사하는 직업에 따라 벌 수 있는 소득 수준에 기초해서 상대방의 가치를 평가하는 일이 비일비재한 편이다. 대기업 직원, 교수, 의

20 오연호, 《우리도 행복할 수 있을까?》, 2014, 오마이북, 72쪽

사 등의 직업을 가지고 있으면 높이 평가받지만 육체 노동자, 택시 기사 등의 직업을 가지고 있으면 낮게 평가받는 식으로 차별이 발생한다.

그러나 덴마크에서는 직업이나 소득에 기초해서 상대방을 평가하거나 차별하지 않는다. 어떤 직업에 종사하든 상관없이 인정과 존중을 받으면서 살아갈 수 있다. 행복 사회 덴마크에 관한 책 가운데 하나인 《우리도 행복할 수 있을까?》에서는 40년 동안 식당에서 종업원으로 일해온 페테르센이 등장한다. 그는 행복하냐는 질문에 주저 없이 그렇다고 대답한다.

한국과 달리 한평생을 식당 종업원으로 살더라도 행복한 까닭은 식당 종업원의 소득 수준이 낮지 않으며, 이 일을 한다고 해서 타인에게 무시당하는 일이 없기 때문이다. 저자가 페테르센에게 아들의 직업을 묻자 그는 열쇠 수리공이라고 대답하더니 아들 자랑을 한참 늘어놓는다.

어떤 직업을 선택하든 일정한 소득이 보장되고 사회적으로 존중받을 수 있다면 사람들은 누구나 자기가 원하는 일을 하면서 행복하게 살 수 있다. 만일 한국이 덴마크처럼 기본 소득이 보장되고 어떤 직업을 가지더라도 무시당하지 않는 사회라면 한국 부모들도 당연히 자식들에게 사교육이나 명문대 진학을 강요하지 않을 것이다.

행복지수가 높은 북유럽의 복지국가들에서는 직업을 이유로 사람을 차별하거나 무시하는 경향이 거의 없다. 더구나 다양한 직업군의 사람들이 자연스럽게 어울려서 살아간다. 예전에 한 TV 다큐멘터리에서 엇비슷한 주택들이 줄지어있는 덴마크 마을이 등장한 적이 있다. 주민들의 직업은 벽돌공을 비롯한 육체 노동자, 서비스업 종사자, 의사, 변호사 등 제각기 달랐다. 그런데 이들이 서로를 차별하거나 무시하는 일은 전혀 없었다. 다 같이 가든파티를 하거나 가족 여행을 다니는 등 친한 친구들과 다를 바 없이 어울려 지냈다.

한국에서는 벽돌공과 의사가 한 마을에 살지 못하며, 설사한 마을에 살더라도 친구가 되는 일은 드물다. 앞서 언급한 저서에서는 "단 한 번도 아들이 판검사나 의사나 교수가 되길 바라지 않았어요. 열쇠 수리공이 사회적으로 얼마나 필요하고 의미 있는 직업입니까?"라고 당당히 말하는 페테르센의 사례를 다시금 돌아보며 어떤 사회에서 사람이 행복해질 수 있는지를 묻는다.

덴마크에 가기 전에 만난 한국의 한 대기업 간부는 중소기업에 다니는 아들 이야기를 꺼내면서 "아비로서 참 부끄럽다"라고 했다. 또 다른 나의 지인은 직업이 의사인데 아들 이야기만 나오면 기가 죽는다. 그는 아들이 자신처럼 명문대를 나오지도 않았고 번듯한 직장에 다니지도 못한다는 사실을 부끄러워한다. 그래서 아들이 무슨 일을 하는지 친구들에게 이야기하지 않는다. 페테르센은 고등학교 동창회 자리에서도 자신이 식당 종업원이고 아들이 열쇠 수리공이라는 사실을 떳떳이 이야기한다고 했다. 아들이 자랑스러운 덴마크 웨이터와 아들이 못마땅한 한국 의사, 누가 더 행복할까?[21]

---

21 오연호, 《우리도 행복할 수 있을까?》, 2014, 오마이북, 29쪽

어른들의 불안을 떠넘기지 않는 세상

덴마크에서 인간관계가 더 행복한 이유는 한 가지 더 있다. 바로 탄탄한 사회 안전망이다. 덴마크인들은 삶이 불안하지 않다. 국가가, 사회가, 같은 동포들이 그들의 삶을 지켜주고 있으며 앞으로도 그럴 것이라고 굳게 믿기 때문이다.

덴마크인들은 직장에서 해고를 당하거나 실직을 하더라도 2년 동안 기존 직장에서 받던 월급의 90%를 받을 수 있다. 정부는 민관 합동으로 직업소개소를 전국에 설치하여 이들의 재취업을 돕는다. 재취업에 필요한 각종 기능을 습득하기 위한 직업학교 등의 비용은 모두 무상이다. 이런 시스템이 구비된 덕분에 실업자가 된 사람들 중 80%가 2년 내에 재취업에 성공한다. 2년이 지나도 재취업에 성공하지 못하면 사회 보장 기금을 통해 다시 실업 급여가 제공된다.

하지만 한국은 사정이 전혀 다르다. 직장에서 해고당할 경우 그야말로 눈앞이 캄캄해진다. 이는 곧 아이의 급식비와 학원비를 감당하지 못하는 상황을 뜻한다. 무상교육, 무상의료가 제도적으로 보장되며 사교육 따위는 없는 덴마크 같은 나라에서 아버지의 해고는 자식들의 삶에 거의 영향을 미치지 않는다. 그러나 한국에서는 자식을 비롯해 온 가족을 줄줄이 고통 속으로 밀어넣는다. 해고에도 절망하지 않는 덴마크와 달리 한국의 노동자들이 목숨을 건 단식을 하고, 굴뚝에 올라가 항의할 수밖에 없는 이유다.

돈에 대한 집착을 강요하지 않는 사회

소득이 적어도 미래가 불안하지 않다면 돈에 대한 집착은 자연히 줄어들기 마련이다. 덴마크인이 태어날 때부터 무욕해서 행복한 것은 아니다. 돈에 대한 집착을 강요하지 않는 사회에서 사는 관계로 '돈이 곧 행복'이라는 미신을 믿을 정도의 병적인 심리를 가질 일이 없기 때문이다.

이들은 국가와 사회에 대해서도 매우 너그럽고 우호적이다. 대부분의 덴마크 국민은 이웃이 돈이 없어서 길거리에 나앉는 것을 용납하지 않겠다고 말한다. 자기 혼자만 잘 먹고 잘 사는 개인이기주의가 아니라 모두가 행복해지는 공동체주의를 지지하기 때문이다. 반면 IMF 경제 위기 때 하루아침에 길거리로 쫓겨난 아버지들을 국가, 사회, 동포 그 누구도 도와주지 않는 것을 경험한 한국인들은 90년대를 거치면서 극단적 개인이기주의에 빠져들기 시작했다. 국민이 국가, 사회, 동포를 믿지 않으며 심지어 적대시하는 사회에서는 관계가 절대로 좋아질 수 없다. 건강하고 화목한 관계는 덴마크처럼 국가, 사회, 동포에 대한 신뢰가 있는 건강한 사회에서만 가능하다.

어두운 밤 적막한 길을 홀로 걸어가고 있다고 가정해보자. 이때 뒤에서 누군가가 걸어오는 소리가 들려온다. 반가운 마음에 같이 길동무가 되어 걸어갈 수 있다면 행복한 사회다. 그러나 덜컥 겁이 나 종종걸음을 치는 사회는 불행하다. 36개 OECD 국가들을 대상으로 실시된 〈2015 더 나은 삶의 지수 조사〉에 의하면 한국은 사회적 연계Social Connections 항목에서 최하위를 기록했다.

한국인은 둘째가라면 서러워할 정도로 관계나 공동체를 중시하는 민족이라고 해도 과언이 아닐 것이다. 그러나 이 조사에 의하면 한국인은 사회적 관계를 매우 중시하면서도 정작 어려울 때 의존할 수 있는 사람이 없다. 관계나 공동체에 대한 열망이 가장 강한 민족임에도 사회적 관계가 세계 최악의 수준으로 떨어졌다는 사실은 참으로 쓸쓸하다.

불행으로 떠밀 것인가, 보호해줄 것인가

관계가 곧 행복이라는 심리학적 상식을 덴마크의 사례를 들어가며 다소 길게 언급한 이유가 있다. 이것이 곧 우리 아이들과 부모들이 행복해지는 유일한 출구이기 때문이다. 사람이 사람을 차별하고 무시하는 풍조가 만연한 사회에서는 돈이 적건 많건 그 누구도 행복할 수 없다. 다시 한 번 말하지만 행복은 오직 서로를 사랑하고 존중해주는 건강한 사회에서 가능하다.

앞서 살펴보았듯 한국 부모들은 자식들에게 돈을 많이 벌 수 있는 직업을 갖기 전까지는 불행하게 살라고 권유하거나 강요한다. 그 결과 한국의 아이들은 어려서부터 청년기까지 내내 불행 속에서 성장하고, 직업을 가진 후에는 부모들과 다를 바 없이 세상에 짓눌려 살아간다. 우리 스스로 이런 굴레에서 벗어나야 하지 않을까?

부모들은 세상에 짓눌려 자식들을 불행으로 떠밀 것이 아니라 세상으로부터 보호해주어야 한다. 어릴 때부터 학습지나 사교육을 시켜달라고 조르는 것은 아이들이 아니다. 어릴 때부터 학습지나 사교육을 받지 않으면 훗날 남들한테 무시당하면서 살게 될 거라고 두려워하는 것 역시 아이들이 아니다. 아이들에게 강요하는 것은 부모들이고 무시를 두려워하는 것 역시 부모들이다.

결국 가난을 두려워하는 것은 어디까지나 부모들이지 아이들이 아니다. 그러나 한국 부모들은 대부분 공포와 불안을 강요하는 세상에 맞서기보다 그들의 공포와 불안을 아이들에게 떠넘기고 있다. 그리하여 아이들도 불행을 향해 걸어가도록 강요한다. 이제 어른들의 불안은 어른들이 알아서 해결하고 아이들만큼은 행복하게 자라도록 해주어야 하지 않을까?

실컷 논 아이가

행복한 어른이 된다

5부

실컷 논 아이들이
뭐든 한다

만일 심리학자인 내가 '25년간 우울증을 앓던 사람이라도 대기업에 취직만 하면 하루아침에 말끔히 나을 것이다'라고 말한다면 어떨까? 분명 모두들 "당신이 심리학자가 맞느냐?"고 따지면서 화를 낼 것이다. 25년간 우울증을 앓던 사람이 대기업에 취직한다고 단번에 우울증을 벗어던지는 것이 불가능하다면, 25년간 불행하게 살던 사람이 대기업에 취직한다고 행복해진다는 것 역시 어렵다. 이 두 가지는 본질적으로 같은 주장이기 때문이다.

그러나 놀랍게도 상당히 많은 한국 부모들이 전자는 믿지 않으면서 후자는 믿는 경향이 있다. 현재의 행복 없이는 미래의 행복도 없다. 현재 행복하지 않은 사람이 미래의 어느 날 갑자기 행복해지기란 절대 불가능하다. 어린 시절 실컷 논 아이는 미래에도 행복하겠지만 놀이를 박탈당했던 아이는 미래에도 행복하지 않을 가능성이 높다. 한국 부모들은 '미래의 행복을 위해서 지금은 불행해야 해'라는 잘못된 생각을 과감히 버리고 우리 아이들이 지금, 여기에서부터 행복해질 수 있도록 도와줘야 한다.

실컷 논 아이들은 정신 건강이 우수하다

어떤 부모들은 아이들에게 놀이를 보장해주어야 한다는 사실, 부자가 된다고 반드시 행복한 것은 아니라는 사실을 알고 난 후 오히려 낙담하며 묻는다.

"아이들이 행복해지려면 우리나라가 사람들 사이의 관계도 좋고 생존 불안에 떨지 않아도 되는 복지국가가 되어야 한다는 것은 알겠어요. 하지만 현재 우리나라는 그런 사회가 아니고 앞으로도 그렇게 된다는 보장이 없지 않나요? 그런데도 아이들을 놀게 해줘야 할까요?"

이 질문에 나는 매번 이렇게 답한다.

"네, 당연히 그렇습니다."

설사 지금 같은 병적인 사회가 지속된다 하더라도 아이들에

게서 어린 시절을 빼앗아선 안 된다. 자유롭게 놀도록 해주어
야 한다.

세상은 계속 바뀐다

과학 기술이 빠르게 발전하는 시대가 됨에 따라 사회가 변화
하는 속도 또한 과거에 비할 수 없이 빨라지고 있다. 그야말로
오늘날 세계는 5년 후를 예측하기 어려울 정도로 급변한다. 사
회 변화 속도가 빨라짐에 따라 미래를 정확히 예측하고 대비하
기가 점점 더 어려워지고 있다. 한때 영어만 잘해도 먹고살 수
있다는 말이 유행했다. 하지만 영어를 잘하는 사람들이 과거에
비해 급증하면서 옛말이 된 지 오래다. 마찬가지로 미래 예측
에 근거하여 습득한 기술이 근래 쓸모없게 되어버릴 가능성은
점점 더 커지고 있다.

게다가 누구나 습득한 기능이나 기술은 내세울만하지 못하
다. '누구나 쌓은 스펙은 이미 스펙이 아니다'라는 말도 있지 않
은가. 과거에 아메리카 대륙에서는 우연히 금광을 발견해 일확
천금한 사람들이 심심치 않게 나타나곤 했다. 이때 금광을 발
견했다는 소문이 나면 사방팔방에서 사람들이 구름같이 몰려
들곤 했는데, 이를 '골드러시'라고 했다.

그러나 처음에 금을 발견했던 극소수의 사람들을 제외하고, 골드러시를 타고 몰려든 사람들은 금이라고는 구경조차 못했다. 기술도 마찬가지다. '무엇을 습득하면 나중에 먹고살기 좋다더라'는 말이 회자되는 시점에서 따라가는 것은 골드러시처럼 별 의미가 없다. 모두들 준비하는 토익 점수는 기본일 뿐 큰 메리트가 되지 못하는 것처럼 말이다.

급변하는 세상에서 살아남기 위해 어려서부터 불확실한 예측에 근거해 각종 기술 따위를 익힐 필요는 없다. 세상이 어떻게 바뀌든 잘 살아가도록 기초 체력을 다지는 편이 훨씬 중요하다. 기초 체력이 약한 사람은 애써 익힌 기능이나 기술이 쓸모없게 되어버리면 크게 낙담하고 좌절하기 십상이다. 반면 기초 체력이 튼튼한 사람에게는 사회가 어떻게 변하든지 필요한 것을 금방 자기 것으로 만들 힘이 있다.

우수한 정신 건강, 행복한 마음, 독창성과 창의성 같은 기초 체력이 튼튼한 사람은 어느 조건에서도 잘 살 수 있다. 한국사회가 지금 어떠한 상태에 놓여있든, 앞으로 어떻게 바뀌든 아이들에게 반드시 놀 자유를 줘야 한다고 주장하는 이유가 바로 이것이다.

"잘 노는 아이들은 신체적으로도 건강하고 심리적으로도 안정되고 행복하다. 또 사회성이 발달하고 창의력과 문제 해결력, 인지 능력 발달에도 도움이 된다."[22]

정신 건강은 기초 체력의 핵심

어릴 때 실컷 놀았다는 것은 곧 자유롭게 자라났다는 것을
의미한다. 동시에 어린 시기의 중요한 욕구들을 원만하게 충족
했으며, 정상적인 발달 과정을 거쳤다는 것을 보여준다. 따라
서 실컷 논 아이들은 정신 건강이 우수할 수밖에 없다. 그렇지
못한 아이들은 자유를 빼앗긴 채 자라면서 무력해진다. 삶에
대한 의욕 역시 저하되며, 또래 관계에 대한 경험이 부족하여
사회성을 키우는 데 어려움을 겪는다.

삶에 필요한 기초 체력 가운데 정신 건강은 그야말로 핵심이
다. 좌절을 극복하는 힘과 스트레스에 대한 내성, 사회 적응력,
사회 개조력 등의 능력이 전부 정신 건강에 의해 좌우된다. 정
신이 튼튼한 사람은 어떤 사회에서 살아가든 더 나은 삶을 추구
하기 마련이다. 어릴 때 아이들을 실컷 놀게 하고 정신 건강을
평균 이상으로 유지하도록 해주면, 앞으로 아이들의 생존력에
대해서는 그다지 걱정할 필요가 없다고 해도 과언이 아니다.

22 송현숙 외, 《놀이터의 기적》, 2015, 씨앗을 뿌리는 사람, 65쪽

실컷 **논 아이들**이 **행복**하다

누구라도 짐작할 수 있겠지만 실컷 논 아이들이 그렇지 않은 아이들보다 더 행복하다. 2014년 11월, 유니세프는 한국의 초중고 학생 564명을 대상으로 조사한 결과를 〈한국 아동의 놀 권리 현주소와 대안〉이라는 보고서에서 발표했다. 이 보고서에 의하면 어렸을 때 충분히 놀았다고 생각하는 아이일수록 '지금도 행복하다'고 생각하는 경향이 강했다. 특히 개인적인 놀이보다는 사교와 야외 활동에 보내는 시간이 많을수록 더 행복하다고 느꼈다.[23] 이런 결과는 또래들과 실컷 놀 수 있었던 아이들이 가장 행복하고, 혼자라도 놀았던 아이들이 그다음으로 행

---

23 송현숙 외, 《놀이터의 기적》, 2015, 씨앗을 뿌리는 사람, 204쪽

복하며, 마음껏 놀지 못한 아이들이 가장 행복하지 않다는 것을 보여준다.

행복이 장시간 쌓이면서 이루어진다기보다 일시에 찾아온다고 믿는 사람들이 있다. 예를 들어 일류대에 합격하거나 대기업에 취직하거나 로또에 당첨하면 대번에 행복해지리라 믿는 것이다. 그러나 행복이란 본질적으로 감정적인 것이다. 사람이 정말로 행복하려면 행복과 관련된 긍정적인 감정들을 일상적으로 체험할 수 있어야 한다.

어느 날 갑자기 행복해지지 않는다

일상적으로 우울한 기분에 휩싸여 살아가는 사람이라도 로또에 당첨하면 일순간 기분이 좋아질 수 있다. 하지만 잠깐일 뿐 또다시 우울한 기분에 휩싸인 채 살아가게 된다. 일상적으로는 행복한 감정을 품고 사는 사람도 좌절을 경험하면 일순간 의기소침해질 수 있다. 그러나 곧 의기소침한 상태에서 벗어나 일상적인 행복감을 되찾을 수 있다. 이것은 행복이 순간적인 감정이 아니며 장기간 쌓여온 긍정적인 감정들에 의해서 비로소 체험 가능하다는 것을 보여준다.

일상적으로 행복한 감정들을 껴안고 살려면 어떻게 해야 할까? 적어도 생의 초반, 구체적으로 말하면 최소한 유년기까지는 즐겁게 살면서 긍정적인 감정들을 마음속에 많이 쌓아놓아야 한다. 어렸을 때 실컷 놀며 긍정적인 감정을 체험한 아이들은 훗날 다소 어려움을 겪더라도 쉽게 불행해지지 않는다.

만일 심리학자인 내가 "25년간 우울증을 앓던 사람이라도 대기업에 취직만 하면 하루아침에 말끔히 나을 것이다"라고 말한다면 어떨까? 분명 모두들 "당신이 심리학자가 맞느냐?"고 따지면서 화를 낼 것이다. 25년간 우울증을 앓던 사람이 대기업에 취직한다고 단번에 우울증을 벗어던지는 것이 불가능하다면, 25년간 불행하게 살던 사람이 대기업에 취직한다고 행복해진다는 것 역시 어렵다. 이 두 가지는 본질적으로 같은 주장이기 때문이다.

그러나 놀랍게도 상당히 많은 한국 부모들이 전자는 믿지 않으면서 후자는 믿는 경향이 있다. 어릴 때 공부하느라 행복하지 않았고, 학창 시절 역시 공부하는 기계로 사느라 행복하지 않았으며, 취업 전쟁을 치르면서 성인이 될 때까지 계속 행복하지 않았더라도 대기업에 취직만 하면, 부자만 되면 단번에 행복해질 거라는 미신을 버리지 못하는 것이다.

현재의 행복 없이 미래의 행복도 없다. 현재 행복하지 않은 사람이 미래의 어느 날 갑자기 행복해지기란 절대 불가능하다. 현재 시점에서 행복하지 않다는 것은 이미 마음속에 행복보다 불행한 감정이 많다는 것을 의미하기 때문이다. 어린 시절 실컷 논 아이는 미래에도 행복하겠지만 놀이를 박탈당했던 아이는 미래에도 행복하지 않을 가능성이 높다. 한국 부모들은 '미래의 행복을 위해서 지금은 불행해야 해'라는 잘못된 생각을 과감히 버리고 우리 아이들이 지금, 여기에서부터 행복해질 수 있도록 도와줘야 한다.

실컷 논 아이들이 창의적이다

공포 영화나 재난 영화를 보면 위기 상황에서 비이성적으로 행동하는 바람에 다른 사람들까지 위험에 빠뜨리는 민폐 캐릭터들이 종종 등장한다. 침착하게 위기를 극복할 방도를 모색하기는커녕 "소용없어. 우리는 다 죽을 거야!"라고 절규하며 울부짖는 사람, 누가 봐도 실패할 것이 뻔한데 어이없는 탈출 계획을 고집하는 사람 등을 예로 들 수 있다. 이들은 왜 이토록 어리석은 행동을 하는 것일까?

위기 상황에서 사람을 비이성적, 비합리적으로 만드는 가장 큰 원인은 공포다. 너무 겁이 나면 평소와는 달리 두뇌 회전이 느려진다. 우울증이 사고력 저하를 동반하듯이, 부정적인 감정은 대부분 사고력을 떨어뜨린다. 그런데 여러 부정적인 감정

가운데 공포만큼 심각하게 사고력을 저하시키거나 마비시키는 감정도 없다. 이런 측면에서 공포, 그리고 만성화된 공포라 할 수 있는 불안이야말로 창의성의 으뜸가는 적이라 할 수 있다.

놀이라는 선물이 주는 힘

억지로 공부하는 아이들은 자신이 지금부터 고단한 삶을 살아야 하는 이유가 무엇인지 궁금해한다. 그런데 어렸을 때부터 힘들게 살지 않으면 훗날 생존하기가 어렵다는 것이 그 이유라고 알려준다면? 진실을 알게 된 아이들은 '이 세상은 아주 어릴 때부터 죽어라고 공부를 해야 겨우 살아남는 아주 무서운 곳이구나'라고 생각하게 될 테고 결국 세상을 두려워하게 될 것이다.

이에 부족할 새라 어른들이 틈만 나면 아이들에게 '공부 열심히 안 하면 나중에 큰일 난다'라는 식의 판에 박힌 레퍼토리를 반복하며 공갈 협박을 해댄다면? 그저 두려움만 가중될 따름이다. 결론적으로 아이는 자신의 실제 체험, 어른들의 공갈 협박을 통해서 세상에 대한 공포를 지속적으로 키워나가고 만성적인 불안에 시달리게 된다. 이런 아이가 과연 창의성을 발휘할 수 있을까?

얼마 전 삼성에서 더 이상 스펙을 기준으로 사원을 뽑지 않겠다는 놀라운 발표를 했다. 지금까지 스펙을 반영하여 선발했지만 스펙은 엄청나도 정작 일은 잘 못하더라는 경험을 반복했기 때문이다. 오늘날 한국 청년들은 공포와 불안에 짓눌린 채 공부를 하고 스펙을 쌓는다. 이들은 진리를 찾거나 새로운 발견을 하는 데는 별 관심이 없다. 정답을 정확히 외우며, 틀린 답을 해서 눈 밖에 나지 않는 데만 신경 쓴다. 공포와 불안이 심한 사람은 과감한 도전과 모험을 두려워한다. 성적 좋고 스펙 좋은 청년들이 상반되는 평가를 받는 것은 이 때문이다.

그다지 멀지 않은 미래에 어렸을 때부터 공부만 억지로 한 사람은 창의성 부족으로 푸대접 받고 어렸을 때 실컷 논 사람이 뛰어난 창의성으로 인정받는 때가 올지도 모른다. 결코 지나친 과장은 아니다. 한국 부모들의 예상과 달리, 스펙은 부족하더라도 어렸을 때 실컷 논 이들이 오히려 자유롭게 사고력을 발휘하는 역설적인 상황이 올 수도 있다는 말이다.

실컷 논 아이들이 부모와 관계가 더 좋다

인생에서 단 한 번뿐인 자식과의 관계가 건강한 사랑으로 지탱되기를 바라는가. 그렇다면 부모는 반드시 자식이 어렸을 때 마음껏 놀 수 있게끔 해주어야 한다. 놀이를 허용하지 않으면 자유를 빼앗음으로써 자식의 인생을 구속하고, 정상적인 발달과 성장을 방해하며, 궁극적으로는 자식을 현재에도 미래에도 행복하지 않은 존재로 만든다.

서로 사랑하는 부모 자식 관계, 즉 부모의 헌신적인 자식 사랑과 자식의 부모에 대한 효심孝心에 의해 연결되는 관계는 부모가 어린 자식을 잘 양육하는 데서 비로소 시작되어 점차 발전하기 마련이다. 어린 시절 양육 과정에서 문제가 생기면 자식은 진심으로 부모를 사랑하거나 존경하기 어렵고, 건강한 효도를 할 수 있는 어른으로 성장하지 못할 가능성도 커진다. 심지어 부모를 원망하는 마음이 자라나 은밀한 방식으로 부모를 괴롭히거나 훗날 어른이 되어 부모를 학대하는 일까지 벌어질 수도 있다.

사실 부모가 아동기 이전까지 자식을 잘 양육하지 못했다는 것은 자식을 건강하게 사랑하지 못했음을 의미한다. 불만이나 원망이 별로 없는 어린 자식조차 건강하게 사랑하지 못한 부모가 자식이 성장한 후에 저절로 사랑하는 법을 터득하게 될까. 아마 어려울 것이다.

이런 점에서 자식이 어렸을 때 양육을 제대로 못하는 것은 시간이 경과함에 따라 부모와 자식 사이를 점점 더 멀어지게 만드는 중요한 분기점이 된다고 할 수 있다. 놀이의 허용 없이 부모 자식 관계는 점차 갈등과 파국으로 치달을 수밖에 없는 셈이다.

놀 자유와 권리의 보장은 부모와 자식 간의 관계를 튼튼하게 만드는 데 결정적인 역할을 한다. 아이에게 놀이를 허용하는 부모는 어떤 점에서 다를까? 이런 부모에게는 적어도 다음과 같은 두 가지 장점이 있다.

첫째, 자식을 진정으로 사랑하며 인간으로서 존중할 줄 안다. 자식을 진정으로 사랑하는 부모라면 막연한 미래의 행복을 위해서 어린 자녀가 고통스럽게 살아야만 한다는 주장에 동의

하지 않는다. 아이들은 실컷 놀 때 가장 행복하다는 상식을 잘 알고 있기 때문이다. 또한 아이의 자유와 행복을 짓밟거나, 아이 인생을 자기 마음대로 통제하려 하지 않는다. 자식이 나이에 걸맞은 자유를 누리면서 자라기를 바라며, 아이가 스스로 인생을 선택하고 개척하기를 바란다.

둘째, 아이에게 놀이를 허용하는 부모는 대부분 자녀를 상품 가치로 저울질하지 않는 건전한 가치관을 소유한다. 아이를 상품 가치로 평가하는 부모일 경우, 아이가 공부를 못하면 높게 평가하지 않으며 조건부 사랑을 제시한다. 그러나 자녀를 인간성에 근거해 평가하는 부모는 아이가 인간성을 상실하지 않는 한 항상 지지해준다. 쉽게 말하자면 자녀가 착하고 성실하며 정의롭게 사는 한 부모의 사랑은 변치 않는다.

이런 점을 고려하여 놀이를 허용하는 부모를 정의해보면 어떨까. 이런 부모는 자식이 돈을 많이 버는 것이 아니라 사람답게 살기를 바라는 건전한 가치관을 가지고 있으며, 한국사회의 병적인 가치관에 굴복하지 않고 용감하게 맞서는 이들이라고 말할 수 있을 것이다. 그리하여 세상의 불건전한 가치관으로부터 자식을 보호하며 나아가 자식에게 건강한 가치관을 가르칠 수 있을 것이다.

자존감 있는 부모와 자식 사이의 관계는 튼튼하다

놀이를 허용하는 부모 밑에서 자라나는 아이는 부모에 대해 어떤 마음을 갖게 될까? 무엇보다 자유롭게 놀면서 자라나는 아이라면 부모가 진심으로 자신의 행복을 바라고 있음을 온몸으로 체험할 수 있다. 또한 부모가 자신을 건강하게 사랑하고, 존중해준다는 것을 일상적으로 느낄 수 있다. 이런 부모를 존경하지 않는 자식은 있을 수 없다.

한국사회에서 놀이의 허용은 훌륭한 부모로서의 덕목과 건강한 양육 철학이 뒷받침되어야만 비로소 가능하다. 또한 이런 부모 밑에서 자라난 자식 역시 부모를 존중하는 훌륭한 자식이 될 수밖에 없다.

오늘날 한국사회에서 부모 자식 사이의 무수한 불협화음과 갈등, 미움 등은 대부분 돈으로 사람을 평가하는 병적인 가치관에서 비롯되며, 구체적으로는 그로 인한 놀이 박탈에서부터 출발한다. 다시 말해 부모들이 어린 자식들에게 놀이를 허용하는 것은 건강한 부모 자식 관계를 되찾는 동시에 병적인 가치관에서 해방되는 것이다.

놀이를 허용하는 부모는 건강한 인간관계가 무엇인지 이해하며 그런 인간관계를 맺을 수 있는 능력을 가지고 있다. 따라서 놀이를 누리며 양육된 자식은 최초의 인간관계인 부모와의 사이에서 원만하고 건강한 관계를 경험할 수 있다. 이는 단지 부모 자식 관계만이 아니라 훗날 겪게 될 수많은 인간관계를 슬기롭게 풀어나가게 해주는 중요한 자산으로 작용하게 될 것이다.

놀이를 허용하는 부모는 돈으로 타인이나 자신을 평가하지 않는다. 이런 부모는 스스로 부자가 아니라고 해서 자존감을 상실하지 않으며, 이런 부모 밑에서 자라나는 자식 역시 성적 때문에 자존감을 상실하지는 않는다. 자존감이 있는 부모와 자존감이 있는 자식 사이의 관계는 튼튼하다.

자식과 다투기를 좋아하는 부모는 없을 것이고, 자식에게 미움받길 원하는 부모 역시 없을 것이다. 자식과 정말로 잘 지내고 싶다면, 평생 서로 사랑하는 사이로 남아있기를 바란다면 무엇보다 자식이 어렸을 때 놀이의 자유부터 보장해주자. 아이도 언젠가는 깨닫게 될 것이다. 그리고 고마워하게 될 것이다. 요즘 같은 세상에서 부모가 자신에게 놀이의 자유를 보장해주었던 것이 얼마나 큰 사랑이자 용기였는지를.

실컷 논 아이들은 정신 건강이 우수하고, 행복하며, 창의성이 있다. 부모와의 관계 역시 원만하다. 부모가 자식의 인생을 위해 선물해야 하는 것은 학습지나 학원 수강증이 아니다. 정신 건강, 행복, 창의성과 같은 삶에 필요한 기초 체력이다. 오늘 같은 한국사회에서는 아이에게 이런 선물을 하기가 너무나 어렵다. 그러니 아이를 마음껏 놀게 해주는 것만으로도 엄청나게 큰일을 했다는 평가를 받아야 마땅하다.

실컷 **논 아이들**을 대하는 부모의 **자세**

    부모들 상당수가 놀이의 중요성에 대해 이해하고 나면 "오늘
부터는 아이를 놀게 해줘야지"라고 결심하곤 한다. 그러나 막
상 현실을 맞닥뜨리면 그 결심이 마구 흔들린다. 어찌 보면 지
극히 당연한 일이다. 그 원인에 대해 간단히 살펴보자.

    첫째, 무시당하는 공포나 돈으로 사람을 평가하는 풍조에서
해방되기가 그리 쉽지 않은 탓이다. 더 이상 돈 때문에 위축되
거나 타인을 무시하지 않겠다고 결심하더라도, 주변에 온통 그
런 사람들만 있고 상황에 계속 치이다 보면 그런 풍조에서 해
방되기 어렵다. 일단 한번 굳어진 인간 심리는 그리 쉽게 변하
지 않는다. 의식 혁명이 말처럼 쉬운 일이 아니라는 것이다.
따라서 무시당하는 공포, 돈으로 사람을 평가하는 풍조에서 해

방되려면 자신의 사고방식부터 정화하기 위해 지속적으로 노력하고, 의식적으로 실천을 반복해야 한다. 그리하여 궁극적으로는 생각이 같은 사람들과 연대하여 세상을 바꾸려고 노력해야 한다. 이런 과정에서 현실을 이기는 마음의 힘이 자라날 수 있다.

둘째, 자식을 놀게 해주려 해도 함께 놀 친구가 없다는 걱정 때문이다.

"우리 아이에게 놀이를 허락해도 친구들이 모두 학원에 다니고 있으니 혼자 놀게 될 텐데요. 이런 경우에도 과연 놀게 해주는 것이 좋을까요?"

이런 질문에 대해 나는 이렇게 대답한다.

"일단 혼자라도 노는 것이 억지로 학원에 가는 것보다 낫습니다."

물론 언제까지나 혼자 놀아도 된다는 말은 아니다. 점차 놀이 친구들을 만나게 해줄 필요가 있다. 주변에서 뜻이 맞는 부모들을 찾아 그들과 힘을 합치면 좋을 것이다. 최근에는 지역 단위로 놀이를 장려하기 위한 각종 모임이나 단체가 많이 생겨나는 추세다. 이를 활용하는 것도 괜찮은 방법이다.

그래도 아이에게 놀이를 허락하기 어렵다면

놀이 공동체의 부활은 마을 공동체의 부활과 밀접히 연결된다. 마을 어른들이 서로 친하게 지내는 마을 공동체가 있어야 자연스럽게 아이들의 놀이 공동체가 활성화될 수 있기 때문이다. 결국 아이들에게 놀이를 되돌려준다는 것은 곧 마을 공동체를 복원하는 것이고, 마을 공동체가 되살아날 수 있는 건강한 사회를 만드는 것이라 할 수 있다. 만일 부모들이 이런 뚜렷한 목표를 염두에 두고 놀이 문제를 대한다면, 분명히 좀 더 용감해질 수 있을 것이다.

내가 청소년이었던 무렵, 소위 불량 청소년들은 모자를 비딱하게 쓰거나 신발 뒤축을 꺾어 신는 등 요상한 차림새를 하고 다녔다. 당연히 사람들은 그런 청소년들을 고운 시선으로 보지 않았다. 하지만 그들은 남들이야 뭐라 하건 아랑곳없이 그런 차림새를 고집했다. 불량 청소년들이 남들의 시선 따위 신경 쓰지 않을 수 있었던 이유는 무엇이었을까? 조직 혹은 공동체로 움직였기 때문이다. 불량 청소년들에게는 자기들만의 모임이 있었고 그 모임에 강한 소속감을 가지고 있었다. 덕분에 남들 눈치 보지 않고 그들만의 문화를 고수할 수 있었다.

부적절한 비유일지도 모르겠지만, 그만큼 홀로 고립된 상태보다는 함께하는 것이 얼마나 중요한지 강조하고 싶다. 현재 우리 사회에서 아이에게 놀이의 자유를 허용하는 부모들 역시 처음에는 소수일 수밖에 없다. 만일 이들이 각개전투로 다수의 시선에 맞서려 한다면 무척 어려울 것이다. 하지만 소속감을 가진 모임으로 뭉치면 외부 상황에 맞서기가 한결 용이할 것이다.

부모로서 자식에게 놀이의 자유를 보장해주겠다고 결심했다면 비록 처음에는 혼자만의 실천으로 시작할지라도, 점차 뜻을 같이하는 다른 부모들과 연대할 필요가 있다. 그래야 지치지 않고 끝까지 옳은 길을 선택하고, 더 많은 이들을 설득하며, 세상을 바꿔나갈 수 있을 것이다. 한국 부모들의 분투를 기대한다.

부모는 자식이 밝게 웃을 때
가장 행복하다

예전에도 어른들의 삶은 고되고 힘겨웠다. 그러나 온 동네를 뛰어다니면서 신나게 노는 아이들을 볼 때마다 커다란 위안을 받았고 용기를 되찾곤 했다.

"그래. 너희가 행복해질 수 있다면 나도 힘을 내볼게!"

해맑게 웃고 떠드는 아이들의 얼굴을 보면서 어른들은 이런 결심을 하곤 했다. 자식 사랑이 유별난 한국인들에게 아이들의 행복이야말로 삶의 이유이자 목적이었기 때문이다. 그러나 지금은 동네에서 즐겁게 뛰어노는 아이들을 볼 수가 없다. 아이들의 밝은 목소리를 듣거나 해맑은 얼굴을 보기 어렵다. 아이들은 마치 온갖 세상 근심을 다 떠안은 어른처럼 무거운 얼굴을 하고 있으며, 길을 가다 마주치는 청소년들 역시 우울하고 화난 표정이다.

우리 아이들이, 우리 자녀들이 행복하지 않다는 것은 아이들만이 아니라 어른들도 알고 있다. 가장 불쌍한 것은 아이들이겠지만 두 손 놓고 지켜보아야 하는 어른들도 불행하기는 마찬가지다. 하지만 지금까지 한국의 어른들은 아이들이 행복해질 수 있는 세상을 만들기 위해 싸우기보다 병든 세상에 적응하라며 아이들을 타이르거나 윽박질렀다. 병든 세상에서는 그 누구도 행복해질 수 없는데도 아이들에게 살아남으라고 강요하며 결과적으로 불행의 길로 밀어붙였다.

이제부터라도 한국 부모들은 역할을 180도 바꿔야 한다. 사람이 사람을 차별하고 무시하는 잔인한 세상이 두려워서 자식을 불행으로 떠미는 비겁한 부모가 아니라 자식의 행복을 지키기 위해서 용감하게 싸우는 행복의 수호자가 되어야 한다.

· · ·

부모들은 무엇보다 돈이 없으면 사회로부터 무시당하고 버림받게 된다는 공포를 버려야 한다. 돈을 많이 벌어 공포를 방어하려는 부질없는 시도를 그만두고 돈이 곧 행복이라는 미신에서도 해방되어야 한다. 그래야만 강박에서 벗어나 아이를 놀게 해줄 수 있다. 나아가 부모들은 사람이 사람을 차별하고 무시하는 병든 세상을 개혁하기 위해서 앞장서야 한다. 지금까지 한국인은 돈이 곧 행복이라는 미신의 포로가 되어 숨 가쁘게 달려왔으나 그토록 바랐던 행복은 얻지 못했고 사람과의 관계만 잃어버렸다. 이제는 기초 중의 기초로 돌아가야 하지 않을까?

굶는 일이 다반사였던 과거에 한국인들이 경제성장에 주력했던 것을 잘못이라고 할 수는 없다. 가난 역시 불행의 원인 중 하나이기 때문이다. 하지만 가난을 극복한 결과로 인해 사람들 사이의 건강한 관계가 무너진다면 아무 소용없다. 건강한 관계가 파괴되면 오히려 더 불행해지기 때문이다. 건강한 관계의 부재는 불행의 가장 큰 원인이다. 돈과 관계는 절대로 맞바꿀 수 없다. 가난하더라도 사이좋은 가족이 행복하지, 부유하지만 매일 싸움만 하는 가족이 행복할 수는 없다. 오늘날 한국사회가 나아가야 할 길은 '건강한 관계의 회복'이다.

＊＊＊

사람 간의 관계를 개선하는 제도나 정책은 언제나 선이다. 사람 간의 관계를 악화시키는 제도나 정책은 언제나 악이다. 사람이 살아가는 가장 중요한 이유이자 목적은 돈이 아니라 관계에서 비롯되는 행복이기 때문이다. 영원히 불행하게 살더라도 지금보다 더 부유해지기를 바란다면 행복한 복지국가를 건설할 필요가 없다. 그러나 행복한 복지국가 건설은 절대적으로 중요하며 시급한 국민 과제이다.

독일 출신의 놀이터 디자이너인 귄터 벨치크는 한국인들에게 이렇게 조언했다.

"아이들은 할 수 없지만 부모들은 정치를 바꿀 수 있다. 사회적인 각성이 일어나야 한다."[24]

그의 정당한 조언처럼 불행한 한국 아이들을 구해줄 수 있는 것은 다름 아닌 부모들이다. 많은 이들이 진정으로 아이들의 행복을 위해 무엇을, 어떻게 해야 하는지를 깨닫는다면 한국에서 복지국가를 건설하는 날이 반드시 올 것이다. 평생 식당 종업원으로 일했지만 행복한 덴마크인 페테르센은 이렇게 말했다.

"우리 아버지 세대만 하더라도 직업의 귀천이 있었어요. 빈부 격차도 있었고요. 그런데 언제부터인가 그런 것이 사라지고 덴마크 전체가 평등한 사회가 되었습니다."[25]

복지 제도를 적극적으로 도입함으로써 덴마크는 한 세대 만에 빈부 격차나 직업의 귀천, 사람에 대한 차별과 무시 등을 없앨 수 있었다. 소득 격차가 해소되고 사회 안전망이 구축된다

---

24 송현숙 외, 《놀이터의 기적》, 2015, 씨앗을 뿌리는 사람, 268쪽
25 오연호, 《우리도 행복할 수 있을까?》, 2014, 오마이북, 32쪽

면 한국은 덴마크보다 더 빠른 시일 안에 행복 사회가 될 수 있을 것이다. 한국인들은 90년대 전까지만 해도 콩 한 쪽도 나눠 먹는 아름다운 전통을 가지고 있었던, 세계에서 가장 정 많은 민족이 아닌가.

갈매나무의 '지혜와 교양' 시리즈는 교양인으로서 살아가는 데 꼭 필요하고 알아야 하는 지식과 정보를 어렵거나 딱딱하지 않게, 특히 청소년의 눈높이에 맞춰 친절하고 감각적인 텍스트로 전달하고자 합니다.

지혜와 교양 1
소설이 묻고 과학이 답하다
소설 읽는 봉구의 과학 오디세이
민성혜 지음 | 유재홍 감수 | 값 12,000원

2011년 문화체육관광부 우수교양도서 선정
2011년 행복한아침독서 청소년(중3~고1)
　　　　추천도서 선정

지혜와 교양 2
우주의 비밀
SF 소설의 거장 아시모프에게 다시 듣는
인문학적 과학 이야기
아이작 아시모프 지음 | 이충호 옮김 | 14,000원

2012년 행복한아침독서 청소년(중3~고1)
　　　　추천도서 선정
2012년 책따세 겨울방학 추천도서 선정

지혜와 교양 3
세상이 던지는 질문에 어떻게 답해야 할까?
생각의 스펙트럼을 넓히는 여덟 가지 철학적 질문
페르난도 사바테르 지음 | 장혜경 옮김
박연숙 감수 | 14,000원

2012년 5월 한국출판문화산업진흥원
　　　　청소년 권장도서 선정

지혜와 교양 4
십대에게 들려주고 싶은 우리 땅 이야기
지리 선생님과 함께 떠나는 통합교과적 국토 여행
마경묵, 박선희, 이강준, 이진웅, 조성호 지음 | 13,000원

2014년 행복한아침독서 청소년(중1~2)
　　　　추천도서 선정

지혜와 교양 5

초파리

생물학과 유전학의 역사를 바꾼 숨은 주인공

마틴 브룩스 지음 | 이충호 옮김 | 14,000원

2014년 미래창조과학부 인증 우수과학도서 선정
2015년 행복한아침독서 청소년(고2~3)
추천도서 선정

지혜와 교양 6

지금 지구에 소행성이 돌진해 온다면

우주, 그 공간이 지닌 생명력과 파괴력에 대한 이야기

플로리안 프라이슈테터 지음 | 유영미 옮김 | 15,500원

2014년 미래창조과학부 인증 우수과학도서 선정
2015년 행복한아침독서 청소년(중3~고1)
추천도서 선정

지혜와 교양 7

십대에게 들려주고 싶은 밤하늘 이야기

밤하늘을 통해 본 과학, 신화, 그리고 역사 이야기

에밀리 윈터번 지음 | 이충호 옮김 | 값 15,000원

2015년 미래창조과학부 우수과학도서 선정

지혜와 교양 8

일상적이고 감성적인 물리학 이야기

우주의 법칙이 나를 위해 움직이게 하는 방법

크리스틴 매킨리 지음 | 박미용 옮김 | 값 14,500원

2016년 학교도서관저널 추천도서 선정

지혜와 교양 9

구봉구는 어쩌다 수학을 좋아하게 되었나
이상하고 규칙적인 수학 마을로 가는 안내서
민성혜 지음 | 배수경 감수 | 값 13,000원

2015년 한국어린이교육문화연구원 으뜸책 선정

인간은 유전자를 어떻게 조종할 수 있을까
후성유전학이 바꾸는 우리의 삶, 그리고 미래
페터 슈포르크 지음 | 유영미 옮김 | 값 16,000원

평정심, 나를 지켜내는 힘
비이성적인 세상에서 내 마음을 다스리는 심리 훈련
토마스 호엔제 지음 | 유영미 옮김 | 값 13,000원

감정의 안쪽
영화로 읽는 우리 마음의 작동 원리
김태형 지음 | 값 14,000원

즐거운 지식과 더 나은 삶 갈매나무 청소년 문학 ···············

시공간의 제약에서 벗어나 온전히 다른 세상을 경험할 기회를 주는 것. 그것이 문학의 힘이라고 생각합니다. 갈매나무 청소년 문학 시리즈에서는 우리 청소년들에게 틀에서 벗어나는 사고력과 상상력을 길러 줄 수 있는 작품들을 소개하고자 합니다. 세상에 대한 관심을 이끌어 낼 이야기와 메시지로 청소년들에게 독서의 즐거움을 선사하겠습니다.

갈매나무 청소년 문학 1
세상의 수호자들
시몬 스트랑게르 지음 | 손화수 옮김 | 값 12,000원

"세상을 바꾸기 위해 나는 어떤 일을 할 수 있을까?"라는 질문을 던지게 만드는 작품. 에밀리에는 우연한 계기로 '세상의 수호자들'이라는 비밀 클럽에 가입한다. 세상의 수호자 멤버들은 사실 여느 10대들과 마찬가지로 아직 불안하고 미숙하다. 그러나 남다른 의지와 재기발랄함으로 대기업의 횡포와 아동 노동자 문제 등 온갖 사회적 비리를 폭로하고 세상을 변화시키기 위한 활동을 펼친다. 에밀리에와 방글라데시의 의류 공장에서 일하는 평범한 소녀 리나의 이야기와 교차되어 전개되면서, 우리가 매일 누리는 현대의 이기가 저절로 이뤄지는 것이 아님을 보여준다.

2015년 행복한아침독서 청소년(중1~2) 추천도서 선정

갈매나무 청소년 문학 2
아무에게도 말하지 마!
야나 프라이 지음 | 장혜경 옮김 | 값 11,000원

새미는 세상에 혼자 버려진 것만 같다. 엄마의 재혼으로 갑작스레 생긴 낯선 가족들, 외할머니, 외할아버지와의 이별, 형제나 다름없던 애완견 찰리의 죽음······. 설상가상으로 유일한 친구 레안더가 자신이 짝사랑하는 카를로타와 사귀자 엄청난 배신감을 느낀다. 모든 것이 버겁고 외로운 새미의 마음을 알아주는 사람은 불량배로 소문난 라파엘밖에 없다. 새미는 라파엘과 어울리면서 난생처음 자신도 강해질 수 있다는 걸 깨닫고, 폭력과 힘이 안겨 주는 쾌감을 맛본다. 하지만 이런 것들이 새미에게 진짜 위로가 될 수 있을까?

2016년 학교도서관저널 추천도서 선정

갈매나무 청소년 문학 3
상괭이(근간) 이용우 지음

실컷 논 아이가 행복한 어른이 된다

초판 1쇄 발행 2016년 2월 1일
초판 8쇄 발행 2022년 5월 20일

지은이 • 김태형

펴낸이 • 박선경
기획/편집 • 이유나, 강민형, 오정빈, 지혜빈
마케팅 • 박언경, 황예린
표지 디자인 • dbox
제작 • 디자인원(031-941-0991)

펴낸곳 • 도서출판 갈매나무
출판등록 • 2006년 7월 27일 제395-2006-000092호
주소 • 경기도 고양시 일산동구 호수로 358-39, 808호 (백석동, 동문타워1)
    (우편번호 10449)
전화 • (031)967-5596
팩스 • (031)967-5597
블로그 • blog.naver.com/kevinmanse
이메일 • kevinmanse@naver.com
페이스북 • www.facebook.com/galmaenamu

ISBN 978-89-93635-66-9/03300
값 13,000원

이 도서의 국립중앙도서관 출판예정도서목록(CIP)은 서지정보유통지원시스템 홈
페이지(http://seoji.nl.go.kr)와 국가자료공동목록시스템(http://www.nl.go.kr/
kolisnet)에서 이용하실 수 있습니다.(CIP제어번호: CIP2016001082)